汽车发动机构造与维修
（第 2 版）

评价与实施手册

姓　名＿＿＿＿＿＿＿＿＿＿＿＿

班　级＿＿＿＿＿＿＿＿＿＿＿＿

团　队＿＿＿＿＿＿＿＿＿＿＿＿

北京理工大学出版社
BEIJING INSTITUTE OF TECHNOLOGY PRESS

模块一　汽车发动机总体认知－活页工单

一、技能操作

子任务　汽车发动机总体认知

（1）汽车发动机总体认知作业表如表 1－1 所示。

表 1－1　汽车发动机总体认知作业表

姓名		班级		学号		组别	
车型		VIN 码		车辆当前行驶里程		购车时间	
是否正常维保		车辆是否出现异常状况		异常出现时间		异常出现里程数	
变速器型号		客户陈述				日期	

序号	图例	填写图例中机构和系统名称
1		
2		

1

续表

序号	图例	填写图例中机构和系统名称
3		
4		
5		
6		
7		

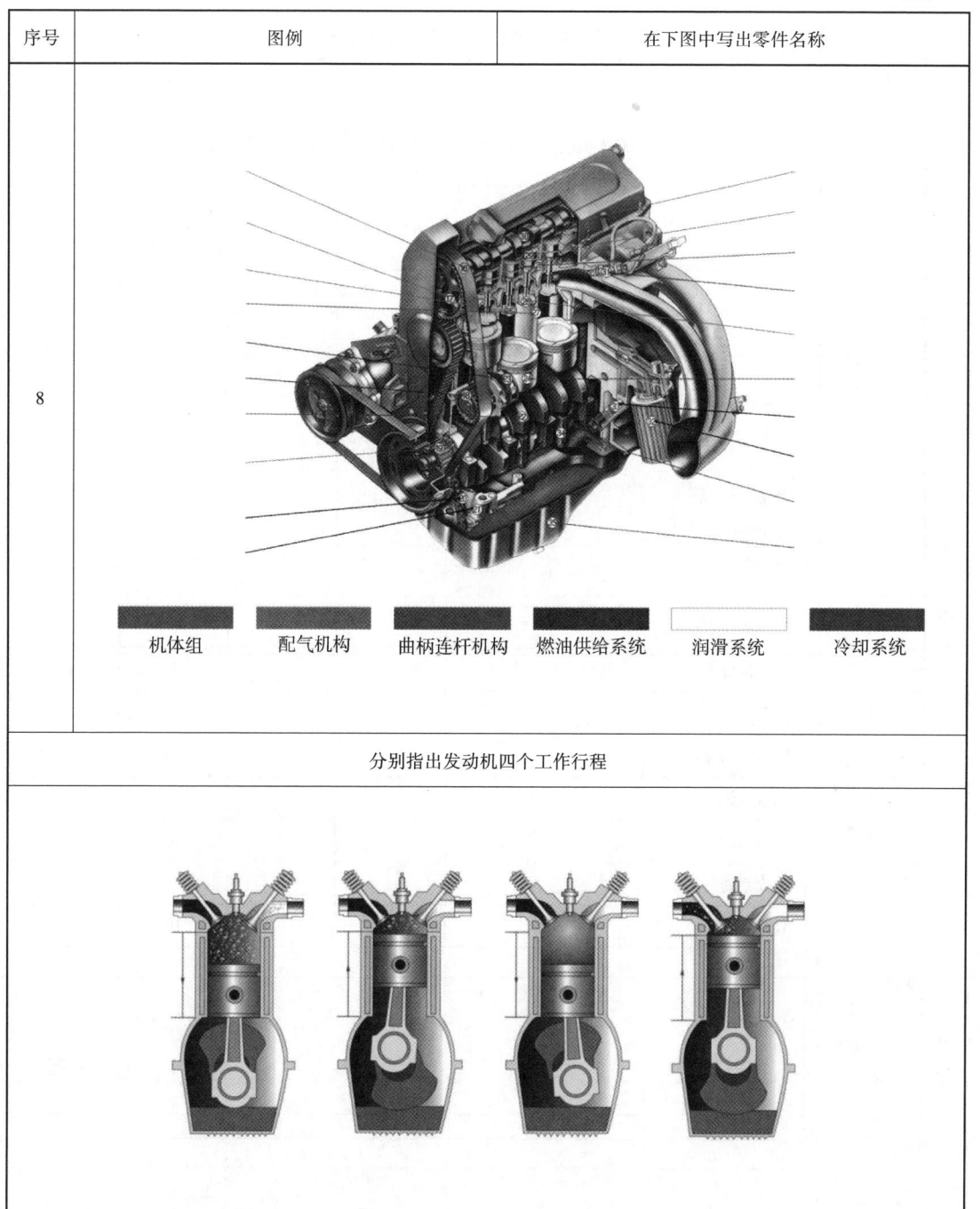

续表

序号	图例	在下图中写出零件名称
8		机体组　配气机构　曲柄连杆机构　燃油供给系统　润滑系统　冷却系统
	分别指出发动机四个工作行程	

（2）发动机总体认知项目评分表如表1－2所示。

表1－2　发动机总体认知项目评分表

基本信息	姓名		学号		班级		组别	
	角色	主修人员□　辅修人员□　工具管理□　零件摆放□　安全监督□　质量检验□　7S监督□						
	规定时间		完成时间		考核日期		总评成绩	

	序号	步骤	完成情况		标准分	评分
			完成	未完成		
考核内容	1	考核准备： 材料： 工具： 设备： 安全防护： 劳动保护：			10	
	2	发动机布置形式			5	
	3	发动机分类			5	
	4	曲柄连杆机构			5	
	5	燃料供给系统			10	
	6	润滑系统			10	
	7	冷却系统			10	
	8	点火系统			10	
	9	起动系统			10	
7S管理	整理、整顿、清扫、清洁、素养、安全、节约				10	
团队协作					5	
沟通表达					5	
工单填写					5	
教师评语						

二、理论测试

（一）填空题

1. 按冷却方式，发动机可分为_____和_____两类。
2. 汽油发动机由_____、_____两大机构和_____、_____、_____、_____、_____五大系统组成。
3. 柴油发动机由_____、_____两大机构和_____、_____、_____、_____四大系统组成。
4. 四行程发动机工作过程包括_____、_____、_____、_____四部分。
5. 按照点火方式发动机分为两类：_____、_____。
6. 按照完成一个工作循环所需行程数的不同可将发动机分为_____和_____。

（二）选择题

1. 四行程发动机，做功行程中，进、排气门的状态是（   ）。
 A. 进、排气门都开 B. 进气门开，排气门关
 C. 进气门关，排气门关 D. 进气门关，排气门开
2. 对于四行程发动机来说，发动机每完成一个工作循环，曲轴旋转（   ）。
 A. 180° B. 360° C. 540° D. 720°

（三）判断题

1. 对于四行程发动机来说，压缩行程中，曲轴转过180°。（   ）
2. 发动机压缩比是指气缸的燃烧室容积与气缸总容积的比值。（   ）
3. 活塞燃烧室容积是指活塞在下止点时，活塞上方的容积。（   ）
4. 汽油机的组成部分有点火系统，而柴油机没有点火系统。（   ）
5. 四行程发动机在进行压缩行程时，进、排气门都是开启的。（   ）
6. 四行程发动机完成一个工作循环，曲轴共转两周。（   ）

（四）术语解释题

1. 上止点和下止点
2. 压缩比
3. 活塞行程
4. 气缸工作容积

（五）问答题

1. 简述四行程汽油机的工作过程。
2. 四行程汽油机和柴油机有什么异同？

模块二 项目一

任务一 机体组拆装-活页工单

一、技能操作

子任务一 气缸盖的拆装

(1) 气缸盖的拆卸及零部件检查作业表如表2-1所示。

表2-1 气缸盖的拆卸及零部件检查作业表

姓名		班级		学号		组别	
车型		VIN码		车辆当前行驶里程		购车时间	
是否正常维保		车辆是否出现异常状况		异常出现时间		异常出现里程数	
变速器型号		客户陈述				日期	
拆卸项目				目视检查		数据记录	
拆卸右前轮和右侧板							
拆卸发电机、压缩机、转向助力泵皮带							
调整正时,使一缸活塞在上止点							
拆卸正时皮带上盖							
拆卸曲轴皮带轮							
拆卸正时皮带下盖							

续表

拆卸项目	目视检查	数据记录
拆卸正时皮带张紧器和皮带		
拆卸惰轮		
拆卸气缸盖罩		
结论		
建议处理意见		

（2）正时系统检查作业表如表2-2所示。

表2-2 正时系统作业表

姓名		班级		学号		组别	
车型		VIN码		车辆当前行驶里程		购车时间	
是否正常维保		车辆是否出现异常状况		异常出现时间		异常出现里程数	
变速器型号		客户陈述				日期	
检查							
凸轮轴、曲轴链轮				张紧器			
惰轮				正时皮带			
正时皮带张紧度检查与调整							
1							
2							

（3）气缸盖拆卸与检查项目评分表如表2-3所示。

表2-3 气缸盖的拆卸与检查项目评分表

<table>
<tr><td rowspan="3">基本信息</td><td>姓名</td><td colspan="2"></td><td>学号</td><td colspan="2"></td><td>班级</td><td>组别</td><td></td></tr>
<tr><td>角色</td><td colspan="7">主修人员□ 辅修人员□ 工具管理□ 零件摆放□ 安全监督□ 质量检验□ 7S监督□</td></tr>
<tr><td>规定时间</td><td colspan="3">完成时间</td><td colspan="2">考核日期</td><td colspan="2">总评成绩</td></tr>
<tr><td rowspan="8">考核内容</td><td rowspan="2">序号</td><td colspan="4" rowspan="2">步骤</td><td colspan="2">完成情况</td><td rowspan="2">标准分</td><td rowspan="2">评分</td></tr>
<tr><td>完成</td><td>未完成</td></tr>
<tr><td>1</td><td colspan="4">考核准备：
材料：
工具：
设备：
安全防护：
劳动保护：</td><td colspan="2"></td><td>10</td><td></td></tr>
<tr><td>2</td><td colspan="4">拆卸右前轮和右侧板</td><td colspan="2"></td><td>10</td><td></td></tr>
<tr><td>3</td><td colspan="4">拆卸发电机、压缩机、转向助力泵皮带</td><td colspan="2"></td><td>10</td><td></td></tr>
<tr><td>4</td><td colspan="4">拆卸正时皮带上、下盖板</td><td colspan="2"></td><td>10</td><td></td></tr>
<tr><td>5</td><td colspan="4">拆卸张紧轮和正时皮带</td><td colspan="2"></td><td>10</td><td></td></tr>
<tr><td>6</td><td colspan="4">张紧器检查</td><td colspan="2"></td><td>10</td><td></td></tr>
<tr><td colspan="2">7</td><td colspan="4">正时皮带检查</td><td colspan="2"></td><td>15</td><td></td></tr>
<tr><td colspan="2">7S管理</td><td colspan="2">整理、整顿、清扫、清洁、素养、安全、节约</td><td colspan="5"></td><td>10</td><td></td></tr>
<tr><td colspan="4">团队协作</td><td colspan="5"></td><td>5</td><td></td></tr>
<tr><td colspan="4">沟通表达</td><td colspan="5"></td><td>5</td><td></td></tr>
<tr><td colspan="4">工单填写</td><td colspan="5"></td><td>5</td><td></td></tr>
<tr><td colspan="4">教师评语</td><td colspan="6"></td></tr>
</table>

子任务二　机体组零件的拆装

（1）机体组零件拆装检测作业表如表2-4所示。

表2-4　机体组零件拆装检测作业表

姓名		班级		学号		组别	
车型		VIN码		车辆当前行驶里程		购车时间	
是否正常维保		车辆是否出现异常状况		异常出现时间		异常出现里程数	
变速器型号		客户陈述				日期	
拆卸项目			目视检查		数据记录		
拆卸凸轮轴轴承盖（A）和凸轮轴（B）							
拆卸OCV（机油控制阀）（A）							
拆卸发动机装配支架固定螺栓（A）							
拧下气缸盖螺栓，并拆卸气缸盖							
拧下油底壳全部紧固螺栓							
结论							
建议处理意见							

（2）正时系统安装作业表如表2-5所示。

表2-5 正时系统安装作业表

姓名		班级		学号		组别	
车型		VIN码		车辆当前行驶里程		购车时间	
是否正常维保		车辆是否出现异常状况		异常出现时间		异常出现里程数	
变速器型号		客户陈述				日期	

安装	安装凸轮轴链轮	
	安装气缸盖罩	
	安装曲轴链轮	
	安装惰轮、张紧器	
	调整正时皮带张力	
	安装皮带轮	
	复装皮带	
	复装侧盖、轮胎、中心盖	

（3）机件组零件拆装与检查项目评分表如表 2-6 所示。

表 2-6　机件组零件拆装与检查项目评分表

基本信息	姓名		学号		班级		组别	
	角色	主修人员□　辅修人员□　工具管理□　零件摆放□　安全监督□　质量检验□　7S 监督□						
	规定时间		完成时间		考核日期		总评成绩	
考核内容	序号	步骤		完成情况		标准分	评分	
				完成	未完成			
	1	考核准备： 材料： 工具： 设备： 安全防护： 劳动保护：				10		
	2	安装凸轮轴链轮、气缸盖				10		
	3	安装张紧器、惰轮				15		
	4	调整正时皮带				15		
	5	安装曲轴皮带轮及皮带				10		
	6	复装侧盖、轮胎、中心盖				15		
7S 管理	整理、整顿、清扫、清洁、素养、安全、节约					10		
团队协作						5		
沟通表达						5		
工单填写						5		
教师评语								

任务二 气缸体、气缸盖检测－活页工单

一、技能操作

（1）气缸体、气缸盖检查作业表如表2-7所示。

表2-7 气缸体、气缸盖检查作业表

姓名		班级		学号		组别	
车型		VIN码		车辆当前行驶里程		购车时间	
是否正常维保		车辆是否出现异常状况		异常出现时间		异常出现里程数	
变速器型号		客户陈述				日期	

检测项目	目视检查	数据记录
气缸体、气缸盖清洁准备		
气缸盖裂纹与损伤		
测量气缸体上平面		
测量气缸盖下平面		
气缸盖进气歧管侧平面、排气歧管侧平面的测量		

续表

检测项目	目视检查	数据记录
气缸盖高度检测		
结论		
建议处理意见		

（2）气缸体、气缸盖项目评分表如表 2-8 所示。

表 2-8　气缸体、气缸盖项目评分表

基本信息	姓名		学号		班级		组别	
	角色	主修人员□ 辅修人员□ 工具管理□ 零件摆放□ 安全监督□ 质量检验□ 7S 监督□							
	规定时间		完成时间		考核日期		总评成绩	
考核内容	序号	步骤	完成情况		标准分	评分
			完成	未完成		
	1	考核准备： 材料： 工具： 设备： 安全防护： 劳动保护：			10	
	2	气缸体、气缸盖清洁准备			5	
	3	气缸盖裂纹与损伤			10	
	4	测量气缸体上平面			10	
	5	测量气缸盖下平面			10	
	6	气缸盖进气歧管侧平面、排气歧管侧平面的测量			15	
	7	气缸盖高度检测			15	
7S 管理	整理、整顿、清扫、清洁、素养、安全、节约				10	
团队协作					5	
沟通表达					5	
工单填写					5	
教师评语						

任务三 气缸体磨损检修 – 活页工单

一、技能操作

（1）气缸体磨损检修作业表如表2-9所示。

表2-9 气缸体检修作业表

姓名		班级		学号		组别	
车型		VIN码		车辆当前行驶里程		购车时间	
是否正常维保		车辆是否出现异常状况		异常出现时间		异常出现里程数	
变速器型号		客户陈述				日期	

检测项目	目视检查	数据记录
气缸体清洁准备		
测缸直径大小		
将外径千分尺校正后调到被测气缸的标准尺寸		

续表

检测项目	目视检查	数据记录
安装量缸表		
校正量缸表		
结论		
建议处理意见		

（2）气缸体测量数据作业表如表 2-10 所示。

表 2-10 气缸体测量数据整理

测量		一缸	二缸	三缸	四缸
上	垂直轴线方向				
	轴线方向				
中	垂直轴线方向				
	轴线方向				
下	垂直轴线方向				
	轴线方向				
该缸的圆度误差					
该缸的圆柱度误差					

（3）气缸体磨损检修项目评分表如表 2-11 所示。

表 2-11 气缸体磨损检修项目评分表

<table>
<tr><td rowspan="3">基本信息</td><td>姓名</td><td></td><td>学号</td><td></td><td>班级</td><td></td><td>组别</td><td></td></tr>
<tr><td>角色</td><td colspan="7">主修人员□ 辅修人员□ 工具管理□ 零件摆放□ 安全监督□ 质量检验□ 7S 监督□</td></tr>
<tr><td>规定时间</td><td></td><td>完成时间</td><td></td><td>考核日期</td><td></td><td>总评成绩</td><td></td></tr>
<tr><td rowspan="10">考核内容</td><td rowspan="2">序号</td><td rowspan="2" colspan="3">步骤</td><td colspan="3">完成情况</td><td rowspan="2">标准分</td><td rowspan="2">评分</td></tr>
<tr><td colspan="2">完成</td><td>未完成</td></tr>
<tr><td>1</td><td colspan="3">考核准备：
材料：
工具：
设备：
安全防护：
劳动保护：</td><td colspan="2"></td><td></td><td>10</td><td></td></tr>
<tr><td>2</td><td colspan="3">气缸体清洁准备</td><td colspan="2"></td><td></td><td>5</td><td></td></tr>
<tr><td>3</td><td colspan="3">测缸直径大小</td><td colspan="2"></td><td></td><td>5</td><td></td></tr>
<tr><td>4</td><td colspan="3">将外径千分尺校正后调到被测气缸的标准尺寸</td><td colspan="2"></td><td></td><td>10</td><td></td></tr>
<tr><td>5</td><td colspan="3">安装量缸表</td><td colspan="2"></td><td></td><td>10</td><td></td></tr>
<tr><td>6</td><td colspan="3">校正量缸表</td><td colspan="2"></td><td></td><td>10</td><td></td></tr>
<tr><td>7</td><td colspan="3">正确测量</td><td colspan="2"></td><td></td><td>10</td><td></td></tr>
<tr><td>8</td><td colspan="3">整理数据</td><td colspan="2"></td><td></td><td>15</td><td></td></tr>
<tr><td colspan="2">7S 管理</td><td colspan="5">整理、整顿、清扫、清洁、素养、安全、节约</td><td>10</td><td></td></tr>
<tr><td colspan="2">团队协作</td><td colspan="5"></td><td>5</td><td></td></tr>
<tr><td colspan="2">沟通表达</td><td colspan="5"></td><td>5</td><td></td></tr>
<tr><td colspan="2">工单填写</td><td colspan="5"></td><td>5</td><td></td></tr>
<tr><td colspan="2">教师评语</td><td colspan="7"></td></tr>
</table>

任务四　气缸压力测量–活页工单

一、技能操作

（1）气缸压力测量作业表如表2–12所示。

表2–12　气缸压力测量作业表

姓名		班级		学号		组别	
车型		VIN码		车辆当前行驶里程		购车时间	
是否正常维保		车辆是否出现异常状况		异常出现时间		异常出现里程数	
变速器型号		客户陈述				日期	

检测项目	目视检查	数据记录
气缸压力测量准备		
压缩空气吹净火花塞附件上的尘土		
拆下火花塞		

续表

检测项目	目视检查	数据记录
安装气缸压力表		
压力测试		
结论		
建议处理意见		

（2）气缸压力测量数值作业表如表2-13所示。

表2-13 气缸压力测量数值作业表　　　　　　　　　kPa

气缸压力测量	一缸	二缸	三缸	四缸
1				
2				

(3) 气缸压力测量项目评分表如表 2-14 所示。

表 2-14 气缸压力测量项目评分表

<table>
<tr><td rowspan="4">基本信息</td><td>姓名</td><td colspan="2"></td><td>学号</td><td colspan="2"></td><td>班级</td><td></td><td>组别</td><td></td></tr>
<tr><td>角色</td><td colspan="9">主修人员□ 辅修人员□ 工具管理□ 零件摆放□ 安全监督□ 质量检验□ 7S 监督□</td></tr>
<tr><td>规定时间</td><td colspan="2"></td><td>完成时间</td><td colspan="2"></td><td>考核日期</td><td></td><td>总评成绩</td><td></td></tr>
<tr><td rowspan="2" colspan="3">序号</td><td rowspan="2" colspan="3">步骤</td><td colspan="2">完成情况</td><td rowspan="2">标准分</td><td rowspan="2">评分</td></tr>
<tr><td>完成</td><td>未完成</td></tr>
<tr><td rowspan="7">考核内容</td><td colspan="3">1</td><td colspan="3">考核准备:
材料:
工具:
设备:
安全防护:
劳动保护:</td><td colspan="2"></td><td>10</td><td></td></tr>
<tr><td colspan="3">2</td><td colspan="3">气缸压力测量准备</td><td colspan="2"></td><td>10</td><td></td></tr>
<tr><td colspan="3">3</td><td colspan="3">压缩空气吹净火花塞附件上的尘土</td><td colspan="2"></td><td>10</td><td></td></tr>
<tr><td colspan="3">4</td><td colspan="3">拆下火花塞</td><td colspan="2"></td><td>10</td><td></td></tr>
<tr><td colspan="3">5</td><td colspan="3">安装气缸压力表</td><td colspan="2"></td><td>10</td><td></td></tr>
<tr><td colspan="3">6</td><td colspan="3">压力测试</td><td colspan="2"></td><td>10</td><td></td></tr>
<tr><td colspan="3">7</td><td colspan="3">正确计算</td><td colspan="2"></td><td>15</td><td></td></tr>
<tr><td colspan="4">7S 管理</td><td colspan="5">整理、整顿、清扫、清洁、素养、安全、节约</td><td>10</td><td></td></tr>
<tr><td colspan="4">团队协作</td><td colspan="5"></td><td>5</td><td></td></tr>
<tr><td colspan="4">沟通表达</td><td colspan="5"></td><td>5</td><td></td></tr>
<tr><td colspan="4">工单填写</td><td colspan="5"></td><td>5</td><td></td></tr>
<tr><td colspan="4">教师评语</td><td colspan="6"></td></tr>
</table>

二、理论测试

(一) 填空题

1. 机体组是构成发动机的_____，是发动机各机构和各系统的安装基础，其内、外安装着发动机的所有_____和_____，承受各种_____。

2. 机体组包括_____、_____、_____、_____、_____、_____等。

3. 气缸套有_____和_____两种。

4. 气缸体裂纹的检查一般采用_____。

5. 目前内燃机设计不断改进，气缸盖、气缸体产生裂纹故障多数是由_____造成的。

6. _____是发动机判断是否需要大修的重要技术依据之一。

7. 气缸上口活塞环接触不到的地方，几乎没有磨损，于是形成了台阶，叫作"_____"。

（二）选择题

1. 下列说法正确的是（　　）。

    A. 干式气缸套外壁直接与冷却水接触

    B. 干式气缸套壁厚比湿式气缸套薄

    C. 干式气缸套安装后比湿式气缸套强度和刚度好

    D. 干式气缸套比湿式气缸套散热好

2. 学生 a 说安装有湿式气缸套的发动机叫水冷发动机，学生 b 说安装有干式气缸套的发动机叫风冷发动机，则（　　）。

    A. 只有学生 a 正确　　　　　　　　B. 只有学生 b 正确

    C. 学生 a 和 b 都正确　　　　　　　D. 学生 a 和 b 都不正确

3. 将气缸盖用螺栓固定在气缸体上，拧紧螺栓时采取的方法为（　　）。

    A. 由中央对称地向四周分几次拧紧

    B. 由中央对称地向四周一次拧紧

    C. 由四周向中央分几次拧紧

    D. 由四周向中央一次拧紧

4. 对于铝合金气缸盖，为了保证它的密封性能，在装配时，必须在（　　）下拧紧。

    A. 热状态　　　　B. 冷状态　　　　C. A、B 均可　　　　D. A、B 均不可

（三）简答题

1. 气缸盖的作用是什么？安装时有什么要求？

2. 简述机体组的拆装步骤和注意事项。

3. 简述气缸体与气缸盖变形的原因。

4. 简述气缸体与气缸盖检修的注意事项。

5. 简述气缸磨损的规律。

模块二 项目二

任务一 活塞连杆组拆装－活页工单

一、技能操作

(1) 活塞连杆组拆装作业表如表 2－15 所示。

表 2－15 活塞连杆组拆装作业表

姓名		班级		学号		组别	
车型		VIN 码		车辆当前行驶里程		购车时间	
是否正常维保		车辆是否出现异常状况		异常出现时间		异常出现里程数	
变速器型号		客户陈述				日期	
检测项目			目视检查		数据记录		
机体组拆装（参考模块二中项目一）							
拆卸油底壳							
拆卸机油滤网							
拆卸连杆盖							
拆卸活塞和连杆总成							

续表

检测项目	目视检查	数据记录
拆卸前壳		
拆卸后油封壳		
拆卸曲轴轴承盖		
拆卸活塞环		
结论		
建议处理意见		

（2）活塞连杆组安装作业表如表2-16所示。

表2-16 活塞连杆组安装

检测项目	目视检查	数据记录
安装活塞和连杆		
安装活塞环		
安装连杆轴承		
安装主轴承		
安装曲轴		
安装活塞和连杆总成		
安装后油封		
安装滤清器		
安装油底壳		
结论		
建议处理意见		

(3) 活塞连杆组拆装项目评分表如表 2-17 所示。

表 2-17 活塞连杆组拆装项目评分表

<table>
<tr><td rowspan="3">基本信息</td><td>姓名</td><td colspan="2"></td><td>学号</td><td></td><td>班级</td><td></td><td>组别</td><td></td></tr>
<tr><td>角色</td><td colspan="8">主修人员□ 辅修人员□ 工具管理□ 零件摆放□ 安全监督□ 质量检验□ 7S 监督□</td></tr>
<tr><td>规定时间</td><td colspan="2"></td><td>完成时间</td><td></td><td>考核日期</td><td></td><td>总评成绩</td><td></td></tr>
<tr><td rowspan="16">考核内容</td><td rowspan="2">序号</td><td colspan="3" rowspan="2">步骤</td><td colspan="2">完成情况</td><td rowspan="2" colspan="2">标准分</td><td rowspan="2">评分</td></tr>
<tr><td>完成</td><td>未完成</td></tr>
<tr><td>1</td><td colspan="3">考核准备：
材料：
工具：
设备：
安全防护：
劳动保护：</td><td></td><td></td><td colspan="2">10</td><td></td></tr>
<tr><td>2</td><td colspan="3">拆卸油底壳和机油滤网</td><td></td><td></td><td colspan="2">5</td><td></td></tr>
<tr><td>3</td><td colspan="3">拆卸连杆盖</td><td></td><td></td><td colspan="2">5</td><td></td></tr>
<tr><td>4</td><td colspan="3">拆卸活塞和连杆总成</td><td></td><td></td><td colspan="2">5</td><td></td></tr>
<tr><td>5</td><td colspan="3">拆卸前壳</td><td></td><td></td><td colspan="2">5</td><td></td></tr>
<tr><td>6</td><td colspan="3">拆卸后油封壳</td><td></td><td></td><td colspan="2">5</td><td></td></tr>
<tr><td>7</td><td colspan="3">拆卸曲轴轴承盖</td><td></td><td></td><td colspan="2">5</td><td></td></tr>
<tr><td>8</td><td colspan="3">拆卸活塞环</td><td></td><td></td><td colspan="2">5</td><td></td></tr>
<tr><td>9</td><td colspan="3">安装活塞环</td><td></td><td></td><td colspan="2">5</td><td></td></tr>
<tr><td>10</td><td colspan="3">安装连杆轴承</td><td></td><td></td><td colspan="2">5</td><td></td></tr>
<tr><td>11</td><td colspan="3">安装曲轴</td><td></td><td></td><td colspan="2">5</td><td></td></tr>
<tr><td>12</td><td colspan="3">安装活塞和连杆总成</td><td></td><td></td><td colspan="2">5</td><td></td></tr>
<tr><td>13</td><td colspan="3">安装连杆盖</td><td></td><td></td><td colspan="2">5</td><td></td></tr>
<tr><td>14</td><td colspan="3">安装油封、滤清器和油底壳</td><td></td><td></td><td colspan="2">5</td><td></td></tr>
<tr><td colspan="2">7S 管理</td><td colspan="6">整理、整顿、清扫、清洁、素养、安全、节约</td><td>10</td><td></td></tr>
<tr><td colspan="2">团队协作</td><td colspan="6"></td><td>5</td><td></td></tr>
<tr><td colspan="2">沟通表达</td><td colspan="6"></td><td>5</td><td></td></tr>
<tr><td colspan="2">工单填写</td><td colspan="6"></td><td>5</td><td></td></tr>
<tr><td colspan="2">教师评语</td><td colspan="7"></td></tr>
</table>

任务二 活塞及"三隙"检测 – 活页工单

一、技能操作

（1）活塞检查作业表如表 2 – 18 所示。

表 2 – 18 活塞检查作业表

姓名		班级		学号		组别	
车型		VIN 码		车辆当前行驶里程		购车时间	
是否正常维保		车辆是否出现异常状况		异常出现时间		异常出现里程数	
变速器型号		客户陈述				日期	
检查项目			目视检查		数据记录		
活塞外观							
活塞端隙							
活塞侧隙							
活塞背隙							

续表

检查项目	目视检查	数据记录
活塞直径		
活塞销测量		
结论		
建议处理意见		

（2）活塞"三隙"检查作业表如表 2-19 所示。

表 2-19　活塞"三隙"检查作业表

序号		1 缸活塞	2 缸活塞	3 缸活塞	4 缸活塞
活塞直径					
侧隙	第 1 道气环				
	第 2 道气环				
	油环				
端隙	第 1 道气环				
	第 2 道气环				
	油环				
背隙	第 1 道气环				
	第 2 道气环				
	油环				
结论					
建议处理意见					

(3) 活塞"三隙"检测项目评分表如表 2 – 20 所示。

表 2 – 20 活塞"三隙"检测项目评分表

<table>
<tr><td rowspan="3">基本信息</td><td>姓名</td><td colspan="2"></td><td>学号</td><td></td><td>班级</td><td></td><td>组别</td><td></td></tr>
<tr><td>角色</td><td colspan="8">主修人员□ 辅修人员□ 工具管理□ 零件摆放□ 安全监督□ 质量检验□ 7S 监督□</td></tr>
<tr><td>规定时间</td><td colspan="2"></td><td>完成时间</td><td></td><td>考核日期</td><td></td><td>总评成绩</td><td></td></tr>
<tr><td rowspan="9">考核内容</td><td rowspan="2">序号</td><td colspan="3" rowspan="2">步骤</td><td colspan="3">完成情况</td><td rowspan="2">标准分</td><td rowspan="2">评分</td></tr>
<tr><td colspan="2">完成</td><td>未完成</td></tr>
<tr><td>1</td><td colspan="3">考核准备：
材料：
工具：
设备：
安全防护：
劳动保护：</td><td colspan="2"></td><td></td><td>10</td><td></td></tr>
<tr><td>2</td><td colspan="3">活塞外观</td><td colspan="2"></td><td></td><td>10</td><td></td></tr>
<tr><td>3</td><td colspan="3">活塞端隙</td><td colspan="2"></td><td></td><td>10</td><td></td></tr>
<tr><td>4</td><td colspan="3">活塞侧隙</td><td colspan="2"></td><td></td><td>10</td><td></td></tr>
<tr><td>5</td><td colspan="3">活塞背隙</td><td colspan="2"></td><td></td><td>10</td><td></td></tr>
<tr><td>6</td><td colspan="3">活塞直径</td><td colspan="2"></td><td></td><td>10</td><td></td></tr>
<tr><td>7</td><td colspan="3">活塞销测量</td><td colspan="2"></td><td></td><td>15</td><td></td></tr>
<tr><td colspan="2">7S 管理</td><td colspan="4">整理、整顿、清扫、清洁、素养、安全、节约</td><td colspan="3"></td><td>10</td><td></td></tr>
<tr><td colspan="2">团队协作</td><td colspan="7"></td><td>5</td><td></td></tr>
<tr><td colspan="2">沟通表达</td><td colspan="7"></td><td>5</td><td></td></tr>
<tr><td colspan="2">工单填写</td><td colspan="7"></td><td>5</td><td></td></tr>
<tr><td colspan="2">教师评语</td><td colspan="8"></td></tr>
</table>

任务三　连杆检测 – 活页工单

一、技能操作

（1）连杆检查作业表如表 2 – 21 所示。

表 2 – 21　连杆检查作业表

姓名		班级		学号		组别	
车型		VIN 码		车辆当前行驶里程		购车时间	
是否正常维保		车辆是否出现异常状况		异常出现时间		异常出现里程数	
变速器型号		客户陈述				日期	
检验			目视检查		数据记录		
连杆弯曲扭变的检测							
连杆弯扭变形的检测							
连杆双重弯曲的检验							
结论							
建议处理意见							

（2）连杆测量作业表如表 2 – 22 所示。

表2-22 连杆测量作业表

序号	1缸连杆	2缸连杆	3缸连杆	4缸连杆
连杆弯曲				
连杆扭曲				
修理意见				

(3) 连杆检测项目评分表如表2-23所示。

表2-23 连杆检测项目评分表

<table>
<tr><td rowspan="3">基本信息</td><td>姓名</td><td colspan="2"></td><td>学号</td><td colspan="2"></td><td>班级</td><td colspan="2"></td><td>组别</td><td></td></tr>
<tr><td>角色</td><td colspan="9">主修人员□ 辅修人员□ 工具管理□ 零件摆放□ 安全监督□ 质量检验□ 7S监督□</td></tr>
<tr><td>规定时间</td><td colspan="2"></td><td>完成时间</td><td colspan="2"></td><td>考核日期</td><td colspan="2"></td><td>总评成绩</td><td></td></tr>
<tr><td rowspan="7">考核内容</td><td rowspan="2">序号</td><td colspan="5" rowspan="2">步骤</td><td colspan="3">完成情况</td><td rowspan="2">标准分</td><td rowspan="2">评分</td></tr>
<tr><td colspan="2">完成</td><td>未完成</td></tr>
<tr><td>1</td><td colspan="5">考核准备：
材料：
工具：
设备：
安全防护：
劳动保护：</td><td colspan="2"></td><td></td><td>10</td><td></td></tr>
<tr><td>2</td><td colspan="5">连杆校正仪使用</td><td colspan="2"></td><td></td><td>15</td><td></td></tr>
<tr><td>3</td><td colspan="5">连杆弯曲扭变的检测</td><td colspan="2"></td><td></td><td>15</td><td></td></tr>
<tr><td>4</td><td colspan="5">连杆弯扭变形的检测</td><td colspan="2"></td><td></td><td>15</td><td></td></tr>
<tr><td>5</td><td colspan="5">连杆双重弯曲的检验</td><td colspan="2"></td><td></td><td>20</td><td></td></tr>
<tr><td>7S管理</td><td colspan="6">整理、整顿、清扫、清洁、素养、安全、节约</td><td colspan="3"></td><td>10</td><td></td></tr>
<tr><td colspan="2">团队协作</td><td colspan="7"></td><td>5</td><td></td></tr>
<tr><td colspan="2">沟通表达</td><td colspan="7"></td><td>5</td><td></td></tr>
<tr><td colspan="2">工单填写</td><td colspan="7"></td><td>5</td><td></td></tr>
<tr><td colspan="2">教师评语</td><td colspan="9"></td></tr>
</table>

二、理论测试

（一）填空题

1. 活塞销与销座及连杆小头的配合有_____和_____两种形式。
2. 油环的结构形式有_____和_____两种。
3. 气环的截面形状主要有_____、_____、_____、_____、_____几种。
4. 活塞环的"三隙"是指_____、_____和_____。
5. 活塞的基本结构一般可分为_____、_____和_____三部分。
6. 活塞环包括_____和_____两种。
7. 在安装气环时，各个气环的切口应该_____。

（二）选择题

1. 下列说法中正确的是（   ）。
A. 活塞一般制成上小下大的锥形或阶梯形
B. 活塞一般制成上大下小的锥形或阶梯形
C. 桶形活塞在任何工作状态下都能得到良好润滑
D. 活塞一般制成上下直径相等的圆柱形

2. 学生 a 说活塞裙部开横向槽，可以减小活塞裙部的受热量。学生 b 说活塞裙部开横向槽是为了减轻重量，则（   ）。
A. 学生 a 说法正确   B. 学生 b 说法正确
C. 学生 a 和 b 说法都正确   D. 学生 a 和 b 说法都不正确

3. 活塞第 1 道环是（   ）。
A. 气环   B. 油环   C. 组合环

4. 连杆杆身端面的形状为（   ）。
A. 工字形   B. 凹字形   C. 矩形   D. 圆形

5. 活塞气环的主要作用是（   ），油环的主要作用是（   ）。
A. 密封   B. 布油   C. 导热   D. 刮油

（三）思考题

1. 简述活塞连杆组的组成和功用。
2. 简述气缸磨损的特点、气缸磨损测量的两个主要参数，以及测量工具。
3. 活塞环"三隙"包括什么？如何测量？
4. 为什么活塞的横断面制成椭圆形，而将其纵断面制成上小下大的锥形或桶形？

模块二 项目三

任务一 曲轴飞轮组拆装 – 活页工单

一、技能操作

(1) 曲轴飞轮组拆装作业表如表 2 – 24 所示。

表 2 – 24 曲轴飞轮组拆装作业表

姓名		班级		学号		组别	
车型		VIN 码		车辆当前行驶里程		购车时间	
是否正常维保		车辆是否出现异常状况		异常出现时间		异常出现里程数	
变速器型号		客户陈述				日期	
检验			目视检查		数据记录		
M/T：拆卸飞轮							
安装发动机到发动机的机架上以便分解							
拆卸正时皮带（参考正时系统）							
拆卸气缸盖（参考气缸盖总成）							

续表

检验	目视检查	数据记录
拆卸油量标尺总成（A）		
拆卸爆燃传感器（A）		
拆卸油压传感器（A）		
拆卸水泵		
拆卸油底壳		
拆卸机油滤网，拧下2个螺栓（C），拆下集滤器（A）、衬垫（B）		
拆卸连杆盖		
拆卸活塞和连杆总成		
拆卸前壳		
拆卸后油封壳		
拆卸曲轴轴承盖		
将曲轴（A）从发动机中提出来，注意不要损坏轴颈		
结论		
建议处理意见		

（2）曲轴拆装项目评分表如表 2-25 所示。

表 2-25 曲轴拆装项目评分表

<table>
<tr><td rowspan="3">基本信息</td><td>姓名</td><td colspan="2"></td><td>学号</td><td></td><td>班级</td><td></td><td>组别</td><td></td></tr>
<tr><td>角色</td><td colspan="8">主修人员□ 辅修人员□ 工具管理□ 零件摆放□ 安全监督□ 质量检验□ 7S 监督□</td></tr>
<tr><td>规定时间</td><td colspan="2"></td><td>完成时间</td><td></td><td>考核日期</td><td></td><td>总评成绩</td><td></td></tr>
<tr><td rowspan="11">考核内容</td><td rowspan="2">序号</td><td colspan="3" rowspan="2">步骤</td><td colspan="3">完成情况</td><td rowspan="2">标准分</td><td rowspan="2">评分</td></tr>
<tr><td colspan="2">完成</td><td>未完成</td></tr>
<tr><td>1</td><td colspan="3">考核准备：
材料：
工具：
设备：
安全防护：
劳动保护：</td><td colspan="2"></td><td></td><td>10</td><td></td></tr>
<tr><td>2</td><td colspan="3">拆卸油量标尺总成（A）、爆燃传感器（A）和油压传感器（A）</td><td colspan="2"></td><td></td><td>5</td><td></td></tr>
<tr><td>3</td><td colspan="3">拆卸水泵</td><td colspan="2"></td><td></td><td>5</td><td></td></tr>
<tr><td>4</td><td colspan="3">拆卸油底壳</td><td colspan="2"></td><td></td><td>5</td><td></td></tr>
<tr><td>5</td><td colspan="3">拆卸机油滤网</td><td colspan="2"></td><td></td><td>5</td><td></td></tr>
<tr><td>6</td><td colspan="3">拆卸连杆盖</td><td colspan="2"></td><td></td><td>10</td><td></td></tr>
<tr><td>7</td><td colspan="3">拆卸活塞和连杆总成</td><td colspan="2"></td><td></td><td>10</td><td></td></tr>
<tr><td>8</td><td colspan="3">拆卸前壳，拆卸后油封壳</td><td colspan="2"></td><td></td><td>5</td><td></td></tr>
<tr><td>9</td><td colspan="3">拆卸曲轴轴承盖</td><td colspan="2"></td><td></td><td>10</td><td></td></tr>
<tr><td>10</td><td colspan="3">将曲轴（A）从发动机中提出来，注意不要损坏轴颈</td><td colspan="2"></td><td></td><td>10</td><td></td></tr>
<tr><td colspan="2">7S 管理</td><td colspan="5">整理、整顿、清扫、清洁、素养、安全、节约</td><td></td><td>10</td><td></td></tr>
<tr><td colspan="2">团队协作</td><td colspan="6"></td><td>5</td><td></td></tr>
<tr><td colspan="2">沟通表达</td><td colspan="6"></td><td>5</td><td></td></tr>
<tr><td colspan="2">工单填写</td><td colspan="6"></td><td>5</td><td></td></tr>
<tr><td colspan="2">教师评语</td><td colspan="7"></td></tr>
</table>

任务二　曲轴检测-活页工单

一、技能操作

（1）曲轴检测作业表如表2-26所示。

表2-26　曲轴检测作业表

姓名		班级		学号		组别	
车型		VIN码		车辆当前行驶里程		购车时间	
是否正常维保		车辆是否出现异常状况		异常出现时间		异常出现里程数	
变速器型号		客户陈述				日期	
检验				目视检查		数据记录	
曲轴裂纹检查							
曲轴变形检查							
曲轴磨损检测							
结论							
建议处理意见							

（2）曲轴检测项目评分表如表2-27所示。

表 2-27 曲轴检测项目评分表

基本信息	姓名		学号		班级		组别	
	角色	主修人员□ 辅修人员□ 工具管理□ 零件摆放□ 安全监督□ 质量检验□ 7S 监督□							
	规定时间		完成时间		考核日期		总评成绩	

	序号	步骤	完成情况		标准分	评分
			完成	未完成		
考核内容	1	考核准备： 材料： 工具： 设备： 安全防护： 劳动保护：			10	
	2	采用观察法检查曲轴裂纹			5	
	3	磁力探伤法			5	
	4	浸油敲击法			5	
	5	将曲轴放在检测平台上的V形块上			5	
	6	将百分表指针抵触在中间主轴颈上			5	
	7	转动曲轴一圈，记录百分表读数			10	
	8	根据曲轴轴颈选用适当量程的外径千分尺			10	
	9	依据磨损规律用外径千分尺在曲轴主轴颈及连杆轴颈分别测量磨损量			10	
	10	计算圆度、圆柱度误差			10	
7S管理	整理、整顿、清扫、清洁、素养、安全、节约				10	
团队协作					5	
沟通表达					5	
工单填写					5	
教师评语						

任务三　曲轴轴向径向间隙检测 – 活页工单

一、技能操作

（1）曲轴轴向、径向间隙检测作业表如表 2 – 28 所示。

表 2 – 28　曲轴轴向、径向间隙检测作业表

姓名		班级		学号		组别	
车型		VIN 码		车辆当前行驶里程		购车时间	
是否正常维保		车辆是否出现异常状况		异常出现时间		异常出现里程数	
变速器型号		客户陈述				日期	
检验				目视检查		数据记录	
曲轴轴向间隙							
曲轴径向间隙							
结论							
建议处理意见							

（2）曲轴检测项目评分表如表 2-29 所示。

表 2-29 曲轴检测项目评分表

基本信息	姓名		学号		班级		组别	
	角色	主修人员□ 辅修人员□ 工具管理□ 零件摆放□ 安全监督□ 质量检验□ 7S 监督□							
	规定时间		完成时间		考核日期		总评成绩	

	序号	步骤	完成情况		标准分	评分
			完成	未完成		
考核内容	1	考核准备： 材料： 工具： 设备： 安全防护： 劳动保护：			10	
	2	清洁各主轴颈和轴承			5	
	3	安装轴承和轴承盖，扭紧螺栓力矩为 27.5~31.4 N·m			5	
	4	测量塑料间隙规的最宽部分			5	
	5	正确测量曲轴径向间隙			10	
	6	将主轴承装在气缸体和主轴承盖上			10	
	7	将曲轴止推片装到气缸体			5	
	8	将曲轴轻轻地放置在气缸体上			5	
	9	装上主轴承盖，并按规定的力矩和顺序紧固主轴承盖			10	
	10	用千分表测定曲轴沿轴向（止推方向）的窜动量			10	
7S 管理	整理、整顿、清扫、清洁、素养、安全、节约				10	
团队协作					5	
沟通表达					5	
工单填写					5	
教师评语						

任务四 飞轮检测 – 活页工单

一、技能操作

（1）飞轮检测作业表如表 2–30 所示。

表 2–30 飞轮检测作业表

姓名		班级		学号		组别	
车型		VIN 码		车辆当前行驶里程		购车时间	
是否正常维保		车辆是否出现异常状况		异常出现时间		异常出现里程数	
变速器型号		客户陈述				日期	
检验			目视检查		数据记录		
飞轮清洁准备							
飞轮端面的圆跳动量							
飞轮的平面度检测							
结论							
建议处理意见							

（2）飞轮检测项目评分表如表 2–31 所示。

表2-31 飞轮检测项目评分表

基本信息	姓名		学号		班级		组别	
	角色	主修人员□ 辅修人员□ 工具管理□ 零件摆放□ 安全监督□ 质量检验□ 7S监督□						
	规定时间		完成时间		考核日期		总评成绩	

	序号	步骤	完成情况		标准分	评分
			完成	未完成		
考核内容	1	考核准备: 材料: 工具: 设备: 安全防护: 劳动保护:			10	
	2	用铲刀铲除飞轮上的残余黏连物,并用抹布擦干净			5	
	3	用细砂纸打磨铲刀无法去除的残余黏连物			10	
	4	将百分表架在飞轮壳上			10	
	5	表头顶在飞轮工作面合适的部位,调整百分表指针到"0"位置			10	
	6	旋转表盘,转动飞轮一周,百分表的读数差即为端面的圆跳动量			10	
	7	用一只手轻轻将刀刃尺的锐角靠在飞轮上平面,另一只手用塞尺内0.01 mm的测量片向刀刃尺和飞轮上平面的缝隙中试插			10	
	8	正确测量飞轮平面度			10	
7S管理	整理、整顿、清扫、清洁、素养、安全、节约				10	
	团队协作				5	
	沟通表达				5	
	工单填写				5	
	教师评语					

二、理论测试

（一）填空题

1. 四缸四行程发动机的做功顺序一般是_____或_____；六缸四行程发动机的做功顺序一般是_____或_____。
2. 在安装扭曲环时，应将其内圈切槽向_____，外圈切槽向_____，不能装反。
3. 曲轴按支承形式的不同分为_____和_____；按加工方法的不同分为_____和_____。

（二）选择题

1. 曲轴轴向定位点采用的是（   ）。
   A. 一点定位　　　　B. 二点定位　　　　C. 三点定位
2. 在直列式发动机中，全支承曲轴的主轴颈比气缸数多（   ）个。
   A. 1　　　　B. 2　　　　C. 3　　　　D. 4
3. 四行程直列六缸发动机各缸的工作顺序是（   ）。
   A. 1－2－3－4－5－6　　　　B. 1－5－3－6－2－4
   C. 6－5－4－3－2－1
4. 用于储存机油和封闭机体或曲轴箱的部件是（   ）。
   A. 曲轴　　　　B. 油底壳　　　　C. 机体　　　　D. 气缸体
5. 直列式发动机全支承曲轴的主轴颈数等于（   ）。
   A. 气缸数　　　　　　　　　　B. 气缸数的一半
   C. 气缸数的一半加1　　　　　　D. 气缸数加1
6. 按1－2－4－3的顺序工作的发动机，当一缸压缩到上止点时，二缸活塞处于（   ）行程下止点位置。
   A. 进气　　　　B. 压缩　　　　C. 做功　　　　D. 排气
7. 四行程六缸发动机曲轴各曲拐之间的夹角为（   ）。
   A. 60°　　　　B. 90°　　　　C. 120°　　　　D. 180°
8. 曲轴与凸轴的传动比为（   ）。
   A. 1∶1　　　　B. 1∶2　　　　C. 2∶1
9. 发动机的支承方法一般有（   ）。
   A. 一点支承　　　　B. 两点支承　　　　C. 三点或四点支承
10. 四行程六缸发动机的发火间隔角为（   ）
    A. 60°　　　　B. 90°　　　　C. 120°　　　　D. 180°

（三）问答题

1. 简述曲轴飞轮组的组成和功用。
2. 飞轮的功用是什么？

模块三 项目一

任务一 配气机构的拆装 – 活页工单

一、技能操作

（1）配气机构的拆装作业表如表 3-1 所示。

表 3-1 配气机构的拆装作业表

姓名		班级		学号		组别	
车型		VIN 码		车辆当前行驶里程		购车时间	
是否正常维保		车辆是否出现异常状况		异常出现时间		异常出现里程数	
变速器型号		客户陈述				日期	
拆卸项目			目视检查		数据记录		
拆卸正时皮带（参考正时系统）							
拆卸凸轮轴链轮							
拆卸凸轮轴轴承盖							
拧下气缸盖螺栓，并拆卸气缸盖							
拆卸挺柱							
拆卸气门							

续表

拆卸项目	目视检查	数据记录
装配是按照拆卸的逆顺序		
结论		
建议处理意见		

（2）配气机构拆装项目评分表如表3-2所示。

表3-2 配气机构项目评分表

基本信息	姓名		学号		班级		组别	
	角色	主修人员□ 辅修人员□ 工具管理□ 零件摆放□ 安全监督□ 质量检验□ 7S监督□							
	规定时间		完成时间		考核日期		总评成绩	
考核内容	序号	步骤		完成情况		标准分	评分
				完成	未完成		
	1	考核准备： 材料： 工具： 设备： 安全防护： 劳动保护：				10	
	2	拆卸正时皮带（参考正时系统）				5	
	3	拆卸凸轮轴链轮				10	
	4	拆卸凸轮轴轴承盖				10	
	5	拧下气缸盖螺栓，并拆卸气缸盖				10	
	6	拆卸挺柱				10	
	7	拆卸气门				10	
	8	装配是按照拆卸的逆顺序				10	
7S管理	整理、整顿、清扫、清洁、素养、安全、节约					10	
团队协作						5	
沟通表达						5	
工单填写						5	
教师评语							

模块三 项目二

任务一 气门组的检测-活页工单

一、技能操作

（1）气门组的检测作业表如表3-3所示。

表3-3 气门组的检测作业表

姓名		班级		学号		组别	
车型		VIN码		车辆当前行驶里程		购车时间	
是否正常维保		车辆是否出现异常状况		异常出现时间		异常出现里程数	
变速器型号		客户陈述				日期	
检测项目				目视检查	进气门数据		排气门数据
气门检查							
气门弹簧检查							
气门导管检查							
气门座检查							
结论							
建议处理意见							

（2）气门组检测项目评分表如表 3-4 所示。

表 3-4 气门组检测项目评分表

<table>
<tr><td rowspan="4">基本信息</td><td>姓名</td><td colspan="2"></td><td>学号</td><td colspan="2"></td><td>班级</td><td></td><td>组别</td><td></td></tr>
<tr><td>角色</td><td colspan="8">主修人员□ 辅修人员□ 工具管理□ 零件摆放□ 安全监督□ 质量检验□ 7S 监督□</td></tr>
<tr><td>规定时间</td><td colspan="2"></td><td>完成时间</td><td colspan="2"></td><td>考核日期</td><td></td><td>总评成绩</td><td></td></tr>
<tr><td rowspan="11" colspan="10"></td></tr>
</table>

<table>
<tr><td rowspan="11">考核内容</td><td rowspan="2">序号</td><td rowspan="2">步骤</td><td colspan="2">完成情况</td><td rowspan="2">标准分</td><td rowspan="2">评分</td></tr>
<tr><td>完成</td><td>未完成</td></tr>
<tr><td>1</td><td>考核准备：
材料：
工具：
设备：
安全防护：
劳动保护：</td><td></td><td></td><td>10</td><td></td></tr>
<tr><td>2</td><td>气门弯曲度</td><td></td><td></td><td>5</td><td></td></tr>
<tr><td>3</td><td>气门杆外径</td><td></td><td></td><td>10</td><td></td></tr>
<tr><td>4</td><td>气门头部边缘</td><td></td><td></td><td>10</td><td></td></tr>
<tr><td>5</td><td>气门弹簧自由长度</td><td></td><td></td><td>10</td><td></td></tr>
<tr><td>6</td><td>气门弹簧垂直度</td><td></td><td></td><td>10</td><td></td></tr>
<tr><td>7</td><td>气门导管内径</td><td></td><td></td><td>10</td><td></td></tr>
<tr><td>8</td><td>气门导管与气门杆间隙</td><td></td><td></td><td>10</td><td></td></tr>
</table>

<table>
<tr><td>7S 管理</td><td colspan="4">整理、整顿、清扫、清洁、素养、安全、节约</td><td>10</td><td></td></tr>
<tr><td colspan="5">团队协作</td><td>5</td><td></td></tr>
<tr><td colspan="5">沟通表达</td><td>5</td><td></td></tr>
<tr><td colspan="5">工单填写</td><td>5</td><td></td></tr>
<tr><td colspan="7">教师评语</td></tr>
</table>

模块三 项目三

任务一 气门传动组检测-活页工单

一、技能操作

（1）气门传动组检测作业表如表3-5所示。

表3-5 气门传动组检测作业表

姓名		班级		学号		组别	
车型		VIN码		车辆当前行驶里程		购车时间	
是否正常维保		车辆是否出现异常状况		异常出现时间		异常出现里程数	
变速器型号		客户陈述				日期	
拆卸项目			目视检查		数据记录		
凸轮轴检测							
凸轮轴检测							
凸轮轴检测							
凸轮轴检测							
凸轮轴检测							
摇臂和摇臂轴检修							
摇臂和摇臂轴检修							
摇臂和摇臂轴检修							
挺柱的检测							
挺柱的检测							
挺柱的检测							

续表

拆卸项目	目视检查	数据记录
推杆的检测		
结论		
建议处理意见		

（2）气门传动组检测项目评分表如表3-6所示。

表3-6　气门传动组检测项目评分表

基本信息	姓名		学号		班级		组别	
	角色	主修人员□　辅修人员□　工具管理□　零件摆放□　安全监督□　质量检验□　7S监督□						
	规定时间		完成时间		考核日期		总评成绩	
考核内容	序号	步骤		完成情况		标准分	评分	
				完成	未完成			
	1	考核准备： 材料： 工具： 设备： 安全防护： 劳动保护：				10		
	2	凸轮弯曲度检测				5		
	3	凸轮轴高度检测				10		
	4	凸轮轴的轴向间隙检测				10		
	5	凸轮轴油膜间隙检测				10		
	6	摇臂与摇臂轴最大极限间隙				10		
	7	挺柱与机体配合间隙				10		
	8	推杆直线度				10		
7S管理	整理、整顿、清扫、清洁、素养、安全、节约					10		
	团队协作					5		
	沟通表达					5		
	工单填写					5		
	教师评语							

二、理论测试

（一）填空题

1. 配气机构通常由_____和_____两部分组成。
2. 气门组由_____、_____、_____、_____和_____等组成。
3. 四行程发动机每完成一个工作循环，曲轴转_____周，凸轮轴转_____周，曲轴和凸轮轴的转速比是_____。
4. 挺柱一般包括_____和_____两大类。
5. 曲轴与凸轮轴间的正时传动方式有_____、_____和_____等三种形式。
6. 采用双气门弹簧时，两个弹簧的旋向必须相_____。
7. 凸轮轴由曲轴驱动，其传动机构有_____、_____和_____。
8. 气门由_____和_____两部分组成。
9. 飞轮边缘一侧有指示气缸活塞位于上止点的标志，用以作为调整与检查_____正时和_____正时的依据。
10. 气门间隙是指在_____与_____之间留有适当的间隙。

（二）选择题

1. 汽油机凸轮轴上的偏心轮是用来驱动（　　）的。
   A. 机油泵　　　　　　　　　　B. 分电器
   C. 汽油泵　　　　　　　　　　D. A 和 B
2. 气门间隙是指发动机在（　　）状态下，气门处于关闭状态时，气门与传动件之间的间隙。
   A. 常温　　　　　B. 冷态　　　　　C. 热态
3. 曲轴正时齿轮与凸轮轴正时齿轮的传动比为（　　）。
   A. 1∶1　　　　　B. 1∶2　　　　　C. 2∶1
4. 四行程六缸发动机，各同名凸轮之间的相对位置夹角应当是（　　）。
   A. 120°　　　　　B. 90°　　　　　C. 60°
5. 进、排气门在气门工作时开启状态为（　　）。
   A. 进气门早开、排气门早开　　　　B. 进气门早开、排气门晚开
   C. 进气门晚开、排气门晚开　　　　D. 进气门晚开、排气门早开
6. 排气门的锥角一般为（　　）。
   A. 30°　　　　B. 45°　　　　C. 60°　　　　D. 50°
7. 气门座圈与气门座孔的配合形式为（　　）。
   A. 过盈配合　　　B. 间隙配合　　　C. 无所谓
8. 凸轮轴上凸轮轮廓的形状决定于（　　）。
   A. 气门的升程　　　　　　　　B. 气门的运动规律
   C. 气门的密封状况　　　　　　D. 气门的磨损规律
9. 若气门间隙过小，则发动机工作时（　　）。
   A. 气门早开　　　B. 气门迟开　　　C. 不影响气门开启时刻

（三）问答题
1. 简述配气机构的组成和功用。
2. 进气门为什么要早开晚关？
3. 气门挺柱分为哪两种？采用液压挺柱的优点有哪些？
4. 为什么要预留气门间隙？气门间隙过大、过小为什么都不好？
5. 排气门为什么要早开迟闭？

模块四　项目一

任务一　汽油机燃油供给系统的拆装与检修 – 活页工单

一、技能操作

子任务一　燃油压力的检测

(1) 燃油压力表安装作业表如表 4–1 所示。

表 4–1　燃油压力表的安装作业表

姓名		班级		学号		组别	
车型		VIN 码		车辆当前行驶里程		购车时间	
是否正常维保		车辆是否出现异常状况		异常出现时间		异常出现里程数	
变速器型号		客户陈述				日期	
安装步骤			具体操作			是否完成	
释放油压			拆卸油泵继电器				
			起动车辆数次，直至无法起动				
拆卸蓄电池负极			拆卸负极接线				
安装燃油压力表			垫好接油抹布				
			拆卸油管接头螺栓				
			安装油压表				
恢复蓄电池、油泵			安装蓄电池负极				
			安装油泵继电器				

（2）燃油压力检测作业表如表4-2所示。

表4-2 燃油压力的检测作业表

姓名		班级		学号		组别	
车型		VIN码		车辆当前行驶里程		购车时间	
是否正常维保		车辆是否出现异常状况		异常出现时间		异常出现里程数	
变速器型号		客户陈述				日期	
检测项目		正常值		测量值		是否正常	
怠速油压		0.20~0.25 MPa					
改变节气门开度		油压应随之改变					
最大泵油压力		0.50~0.65 MPa					
保持油压		大于0.15 MPa					
结论							
建议解决故障的方法							

（3）燃油压力检测项目评分表如表4-3所示。

表4-3 燃油压力的检测项目评分表

基本信息	姓名		学号		班级		组别	
	角色	主修人员□ 辅修人员□ 工具管理□ 零件摆放□ 安全监督□ 质量检验□ 7S监督□							
	规定时间		完成时间		考核日期		总评成绩	
考核内容	序号	步骤	完成情况		标准分	评分
			完成	未完成		
	1	考核准备： 材料： 工具： 设备： 安全防护： 劳动保护：			10	
	2	释放油压			10	
	3	拆卸蓄电池负极			5	
	4	安装燃油压力表			10	
	5	恢复蓄电池、油泵			10	
	6	怠速油压的检测			10	
	7	最大泵油压力的检测			10	
	8	保持油压的检测			10	
7S管理	整理、整顿、清扫、清洁、素养、安全、节约				10	
团队协作					5	
沟通表达					5	
工单填写					5	
教师评语						

子任务二 燃油泵的检修

（1）燃油泵检修作业表如表4-4所示。

表4-4 燃油泵的检修作业表

姓名		班级		学号		组别	
车型		VIN码		车辆当前行驶里程		购车时间	
是否正常维保		车辆是否出现异常状况		异常出现时间		异常出现里程数	
变速器型号		客户陈述				日期	
故障原因分析	1.症状确认： 2.原因分析：						
故障诊断方法及步骤	检查项目			是否检查		检查\测量结果	
	燃油泵的就车检查						
	检测燃油泵的阻值						
	检测燃油泵的供电端子电压						
	检测燃油泵的对地端子电压						
结论							
建议解决故障的方法							
总结故障诊断流程							

（2）燃油泵检修项目评分表如表4-5所示。

表4-5 燃油泵的检修项目评分表

基本信息	姓名		学号		班级		组别	
	角色	主修人员□ 辅修人员□ 工具管理□ 零件摆放□ 安全监督□ 质量检验□ 7S监督□							
	规定时间		完成时间		考核日期		总评成绩	
考核内容	序号	步骤	完成情况		标准分	评分
			完成	未完成		
	1	考核准备： 材料： 工具： 设备： 安全防护： 劳动保护：			15	
	2	燃油泵的就车检查			15	
	3	检测燃油泵的阻值			15	
	4	检测燃油泵的供电端子电压			15	
	5	检测燃油泵的对地端子电压			15	
7S管理	整理、整顿、清扫、清洁、素养、安全、节约				10	
团队协作					5	
沟通表达					5	
工单填写					5	
教师评语						

子任务三 喷油器的检修

(1) 喷油器检修作业表如表4-6所示。

表4-6 喷油器的检修作业表

姓名		班级		学号		组别	
车型		VIN码		车辆当前行驶里程		购车时间	
是否正常维保		车辆是否出现异常状况		异常出现时间		异常出现里程数	
变速器型号		客户陈述				日期	
故障原因分析	1. 症状确认： 2. 原因分析：						
喷油器的就车检查	检查项目			是否检查		检查\测量结果	
	简单检查（试、听）						
	检测喷油器的阻值						
	断缸检查						
结论							
建议解决故障的方法							
总结故障诊断流程							

(2）喷油器检修项目评分表如表 4-7 所示。

表 4-7 喷油器的检修项目评分表

<table>
<tr><td rowspan="3">基本信息</td><td>姓名</td><td></td><td>学号</td><td></td><td>班级</td><td></td><td>组别</td><td></td></tr>
<tr><td>角色</td><td colspan="7">主修人员□ 辅修人员□ 工具管理□ 零件摆放□ 安全监督□ 质量检验□ 7S 监督□</td></tr>
<tr><td>规定时间</td><td></td><td>完成时间</td><td></td><td>考核日期</td><td></td><td>总评成绩</td><td></td></tr>
<tr><td rowspan="5">考核内容</td><td rowspan="2">序号</td><td rowspan="2" colspan="3">步骤</td><td colspan="2">完成情况</td><td rowspan="2">标准分</td><td rowspan="2">评分</td></tr>
<tr><td>完成</td><td>未完成</td></tr>
<tr><td>1</td><td colspan="3">考核准备：
材料：
工具：
设备：
安全防护：
劳动保护：</td><td></td><td></td><td>15</td><td></td></tr>
<tr><td>2</td><td colspan="3">喷油器的简单就车检查</td><td></td><td></td><td>20</td><td></td></tr>
<tr><td>3</td><td colspan="3">检测喷油器的阻值</td><td></td><td></td><td>20</td><td></td></tr>
<tr><td>考核内容</td><td>4</td><td colspan="3">断缸检查</td><td></td><td></td><td>20</td><td></td></tr>
<tr><td>7S 管理</td><td colspan="4">整理、整顿、清扫、清洁、素养、安全、节约</td><td colspan="2"></td><td>10</td><td></td></tr>
<tr><td colspan="5">团队协作</td><td colspan="2"></td><td>5</td><td></td></tr>
<tr><td colspan="5">沟通表达</td><td colspan="2"></td><td>5</td><td></td></tr>
<tr><td colspan="5">工单填写</td><td colspan="2"></td><td>5</td><td></td></tr>
<tr><td colspan="5">教师评语</td><td colspan="4"></td></tr>
</table>

子任务四　喷油器的拆装

（1）喷油器拆装作业表如表4-8所示。

表4-8　喷油器的拆装作业表

姓名		班级		学号		组别	
车型		VIN码		车辆当前行驶里程		购车时间	
是否正常维保		车辆是否出现异常状况		异常出现时间		异常出现里程数	
变速器型号		客户陈述				日期	

拆装步骤	具体操作	是否完成
拆卸喷油器	释放油压	
	拆卸蓄电池负极接线	
	拆卸喷油器线束插头	
	拆卸进油管和回油管	
	拆卸分配油管	
	拆卸喷油器	
安装喷油器	更换密封圈	
	压入分配油管	
	安装密封圈	
	拧紧油管固定螺栓	
	安装进油管和回油管	
	安装喷油器线束插头	
	检查是否漏油	

（2）喷油器拆装项目评分表如表 4-9 所示。

表 4-9 喷油器的拆装项目评分表

<table>
<tr><td rowspan="3">基本信息</td><td>姓名</td><td colspan="2"></td><td>学号</td><td colspan="2"></td><td>班级</td><td>组别</td><td></td></tr>
<tr><td>角色</td><td colspan="7">主修人员□ 辅修人员□ 工具管理□ 零件摆放□ 安全监督□ 质量检验□ 7S 监督□</td></tr>
<tr><td>规定时间</td><td colspan="2"></td><td>完成时间</td><td colspan="2"></td><td>考核日期</td><td>总评成绩</td><td></td></tr>
<tr><td rowspan="16">考核内容</td><td rowspan="2">序号</td><td colspan="4" rowspan="2">步骤</td><td colspan="2">完成情况</td><td rowspan="2">标准分</td><td rowspan="2">评分</td></tr>
<tr><td>完成</td><td>未完成</td></tr>
<tr><td>1</td><td colspan="4">考核准备：
材料：
工具：
设备：
安全防护：
劳动保护：</td><td></td><td></td><td>10</td><td></td></tr>
<tr><td>2</td><td colspan="4">释放油压</td><td></td><td></td><td>5</td><td></td></tr>
<tr><td>3</td><td colspan="4">拆卸蓄电池负极接线</td><td></td><td></td><td>5</td><td></td></tr>
<tr><td>4</td><td colspan="4">拆卸喷油器线束插头</td><td></td><td></td><td>5</td><td></td></tr>
<tr><td>5</td><td colspan="4">拆卸进油管和回油管</td><td></td><td></td><td>5</td><td></td></tr>
<tr><td>6</td><td colspan="4">拆卸分配油管</td><td></td><td></td><td>5</td><td></td></tr>
<tr><td>7</td><td colspan="4">拆卸喷油器</td><td></td><td></td><td>5</td><td></td></tr>
<tr><td>8</td><td colspan="4">更换密封圈</td><td></td><td></td><td>5</td><td></td></tr>
<tr><td>9</td><td colspan="4">压入分配油管</td><td></td><td></td><td>5</td><td></td></tr>
<tr><td>10</td><td colspan="4">安装密封圈</td><td></td><td></td><td>5</td><td></td></tr>
<tr><td>11</td><td colspan="4">拧紧油管固定螺栓</td><td></td><td></td><td>5</td><td></td></tr>
<tr><td>12</td><td colspan="4">安装进油管和回油管</td><td></td><td></td><td>5</td><td></td></tr>
<tr><td>13</td><td colspan="4">安装喷油器线束插头</td><td></td><td></td><td>5</td><td></td></tr>
<tr><td>14</td><td colspan="4">检查是否漏油</td><td></td><td></td><td>5</td><td></td></tr>
<tr><td colspan="2">7S 管理</td><td colspan="5">整理、整顿、清扫、清洁、素养、安全、节约</td><td>10</td><td></td></tr>
<tr><td colspan="2">团队协作</td><td colspan="5"></td><td>5</td><td></td></tr>
<tr><td colspan="2">沟通表达</td><td colspan="5"></td><td>5</td><td></td></tr>
<tr><td colspan="2">工单填写</td><td colspan="5"></td><td>5</td><td></td></tr>
<tr><td colspan="2">教师评语</td><td colspan="7"></td></tr>
</table>

二、理论测试

（一）填空题

1. 电动燃油泵一般包括_____式和_____式。
2. 汽油供给系统装置包括_____、_____、_____和_____等。
3. 燃油滤清器的作用就是清除汽油中的_____，防止燃油系统_____。
4. 喷油器按电磁线圈电阻的大小分为_____式和_____式。
5. 电动汽油泵的作用是_____所需要的燃油。
6. 油压调节器的功用是调节喷油器的_____，使燃油供给系统的压力与进气管压力之差即喷油压力保持_____。

（二）选择题

1. 下列元件不属于发动机燃油系统零件的是（　　）。
   A. 燃油泵　　　　　B. 喷油器　　　　　C. 燃油压力表　　　　　D. 燃油滤清器
2. 喷油器的喷油量与（　　）有关。
   A. 系统油压　　　　　　　　　　　B. 喷油压力
   C. 喷油器开启持续时间　　　　　　D. 油泵转速
3. 电控汽油机燃油喷射系统的组成有电子控制系统、燃油供给系统和（　　）。
   A. 电控点火系统　　　　　　　　　B. 信号输入装置
   C. 空气供给系统　　　　　　　　　D. 电控单元
4. 许多电控燃油喷射发动机的电动汽油泵安装在汽油箱内，一旦油箱油量过少，（　　）。
   A. ECU 将烧坏　　　　　　　　　　B. 电动汽油泵将烧坏
   C. 发动机将烧坏　　　　　　　　　D. 喷油器将烧坏

（三）判断题

1. 当过量空气系数 α 为 1 时，无论是从理论上还是实际上来说，混合气燃烧最完全，发动机的经济性最好。（　　）
2. 喷油器是燃油喷射系统的执行器。（　　）
3. 更换汽油滤清器前，通常必须将管路中的汽油压力释放掉。（　　）
4. 目前，大部分汽油泵装在汽油箱内部。（　　）
5. 喷油器的喷油量不仅取决于喷油器的开启持续时间，还与喷油压力有关。（　　）

（四）问答题

1. 何谓汽油的抗爆性？汽油的抗爆性用何种参数评价？汽油的牌号与其抗爆性有什么关系？
2. 汽车发动机运行工况对混合气成分有什么要求？
3. 在电控汽油喷射系统中，喷油器的实际喷油量是如何确定的？试述其过程。

模块四　项目二

任务一　柴油机燃油供给系统的拆装与检修 – 活页工单

一、技能操作

子任务一　柴油机喷油器的检修

（1）柴油机喷油器检修作业表如表 4–10 所示。

表 4–10　柴油机喷油器的检修作业表

姓名		班级		学号		组别	
车型		VIN 码		车辆当前行驶里程		购车时间	
是否正常维保		车辆是否出现异常状况		异常出现时间		异常出现里程数	
变速器型号		客户陈述				日期	
检修步骤			具体操作			是否完成	
清洗			在柴油中浸泡				
检验			安装在测试器上				
			压手柄排空气				
			快压手柄清积炭				
			慢压手柄观察读数				
			调节调整螺钉				
			观察喷油的油束				
结论							
建议解决故障的方法							

(2) 柴油机喷油器检修项目评分表如表 4–11 所示。

表 4–11 柴油机喷油器的检修项目评分表

<table>
<tr><th colspan="2">基本信息</th><th>姓名</th><th></th><th>学号</th><th></th><th>班级</th><th></th><th>组别</th><th></th></tr>
<tr><td colspan="2"></td><td>角色</td><td colspan="7">主修人员□ 辅修人员□ 工具管理□ 零件摆放□ 安全监督□ 质量检验□ 7S监督□</td></tr>
<tr><td colspan="2"></td><td>规定时间</td><td></td><td>完成时间</td><td></td><td>考核日期</td><td></td><td>总评成绩</td><td></td></tr>
<tr><th rowspan="9">考核内容</th><th>序号</th><th colspan="3">步骤</th><th colspan="2">完成情况</th><th>标准分</th><th colspan="2">评分</th></tr>
<tr><td></td><td colspan="3"></td><td>完成</td><td>未完成</td><td></td><td colspan="2"></td></tr>
<tr><td>1</td><td colspan="3">考核准备：
材料：
工具：
设备：
安全防护：
劳动保护：</td><td></td><td></td><td>10</td><td colspan="2"></td></tr>
<tr><td>2</td><td colspan="3">清洗喷油器</td><td></td><td></td><td>10</td><td colspan="2"></td></tr>
<tr><td>3</td><td colspan="3">将喷油器安装在测试器上</td><td></td><td></td><td>5</td><td colspan="2"></td></tr>
<tr><td>4</td><td colspan="3">压手柄排空气</td><td></td><td></td><td>10</td><td colspan="2"></td></tr>
<tr><td>5</td><td colspan="3">快压手柄清积炭</td><td></td><td></td><td>10</td><td colspan="2"></td></tr>
<tr><td>6</td><td colspan="3">慢压手柄观察读数</td><td></td><td></td><td>10</td><td colspan="2"></td></tr>
<tr><td>7</td><td colspan="3">调节调整螺钉</td><td></td><td></td><td>10</td><td colspan="2"></td></tr>
<tr><td>8</td><td colspan="3">观察喷油的油束</td><td></td><td></td><td>10</td><td colspan="2"></td></tr>
<tr><td colspan="2">7S管理</td><td colspan="4">整理、整顿、清扫、清洁、素养、安全、节约</td><td></td><td></td><td>10</td><td colspan="2"></td></tr>
<tr><td colspan="2">团队协作</td><td colspan="4"></td><td></td><td></td><td>5</td><td colspan="2"></td></tr>
<tr><td colspan="2">沟通表达</td><td colspan="4"></td><td></td><td></td><td>5</td><td colspan="2"></td></tr>
<tr><td colspan="2">工单填写</td><td colspan="4"></td><td></td><td></td><td>5</td><td colspan="2"></td></tr>
<tr><td colspan="2">教师评语</td><td colspan="8"></td></tr>
</table>

子任务二 喷油泵的检修

(1) 喷油泵检修作业表如表 4-12 所示。

表 4-12 喷油泵的检修作业表

姓名		班级		学号		组别	
车型		VIN 码		车辆当前行驶里程		购车时间	
是否正常维保		车辆是否出现异常状况		异常出现时间		异常出现里程数	
变速器型号		客户陈述				日期	
故障原因分析		1. 症状确认： 2. 原因分析：					

	检查项目	是否检查	检查/测量结果
喷油泵主要零件的检修	柱塞偶件配合面的检查		
	柱塞偶件清洗		
	检查柱塞偶件的磨损		
	出油阀偶件配合面的检查		
	检查出油阀偶件的磨损		
A 型喷油泵的调试	安装齿条位移测量仪		
	调整喷油泵低压腔压力		
	调整供油齿条		
	测量各缸供油的不均匀度		
	调节喷油量大小		
结论			
建议解决故障的方法			

（2）喷油泵检修项目评分表如表 4−13 所示。

表 4−13 喷油泵的检修项目评分表

基本信息	姓名		学号		班级		组别	
	角色	主修人员□ 辅修人员□ 工具管理□ 零件摆放□ 安全监督□ 质量检验□ 7S 监督□						
	规定时间		完成时间		考核日期		总评成绩	
考核内容	序号	步骤		完成情况		标准分	评分
				完成	未完成		
	1	考核准备： 材料： 工具： 设备： 安全防护： 劳动保护：				10	
	2	喷油泵主要零件的检修	柱塞偶件配合面的检查			10	
	3		柱塞偶件清洗			5	
	4		检查柱塞偶件的磨损			5	
	5		出油阀偶件配合面的检查			10	
	6		检查出油阀偶件的磨损			5	
	7	A 型喷油泵的调试	安装齿条位移测量仪			10	
	8		调整喷油泵低压腔压力			5	
	9		调整供油齿条			5	
	10		测量各缸供油的不均匀度			5	
	11		调节喷油量大小			5	
7S 管理	整理、整顿、清扫、清洁、素养、安全、节约					10	
团队协作						5	
沟通表达						5	
工单填写						5	
教师评语							

61

子任务三 调速器的检查与调整

（1）调速器检查与调整作业表如表4-14所示。

表4-14 调速器的检查与调整作业表

姓名		班级		学号		组别	
车型		VIN 码		车辆当前行驶里程		购车时间	
是否正常维保		车辆是否出现异常状况		异常出现时间		异常出现里程数	
变速器型号		客户陈述				日期	
故障原因分析	1. 症状确认： 2. 原因分析：						

检查与调整步骤	具体操作	是否完成
调整喷油泵转速至600 r/min	控制杆靠住怠速限位螺钉	
调整齿条行程量具	旋动怠速限位螺钉	
降低转速	降至250 r/min	
再次调整齿条行程量具	旋入怠速弹簧总成，拧紧锁紧螺母	
验证齿条行程量具示数	使喷油泵停止转动	
提高喷油泵转速至500 r/min	齿条行程量具示数应在 5.6 mm ± 0.5 mm 范围内	
锁紧怠速限位螺钉	用锁紧螺母锁紧	
提高转速到 1 475 ~ 1 485 r/min	将负荷固定杆固定在全负荷位置	
使控制齿条处于 10.2 mm	调整调速杆限位螺钉	
使控制齿条处于 8.7 mm 以下	继续提高喷油泵转速到 1 570 r/min	
结论		

（2）调速器检查与调整项目评分表如表 4-15 所示。

表 4-15 调速器的检查与调整项目评分表

基本信息	姓名		学号		班级		组别	
	角色	主修人员□ 辅修人员□ 工具管理□ 零件摆放□ 安全监督□ 质量检验□ 7S 监督□							
	规定时间		完成时间		考核日期		总评成绩	
考核内容	序号	步骤		完成情况		标准分	评分	
				完成	未完成			
	1	考核准备： 材料： 工具： 设备： 安全防护： 劳动保护：				15		
	2	调整喷油泵转速至 600 r/min	控制杆靠住怠速限位螺钉			5		
	3	调整齿条行程量具	旋动怠速限位螺钉			5		
	4	降低转速	降至 250 r/min			5		
	5	再次调整齿条行程量具	旋入怠速弹簧总成，拧紧锁紧螺母			10		
	6	验证齿条行程量具示数	使喷油泵停止转动			5		
	7	提高喷油泵转速至 500 r/min	齿条行程量具示数应在 5.6 mm ± 0.5 mm 范围内			10		
	8	锁紧怠速限位螺钉	用锁紧螺母锁紧			5		
	9	提高转速到 1 475 ~ 1 485 r/min	将负荷固定杆固定在全负荷位置			5		
	10	使控制齿条处于 10.2 mm	调整调速杆限位螺钉			5		
	11	使控制齿条处于 8.7 mm 以下	继续提高喷油泵转速到 1 570 r/min			5		
7S 管理	整理、整顿、清扫、清洁、素养、安全、节约					10		

		续表
团队协作		5
沟通表达		5
工单填写		5
教师评语		

二、理论测试

(一) 填空题

1. 柴油的使用性能有_____、_____、_____和_____。
2. 柴油机混合气的形成和燃烧过程可按曲轴转角划分为_____、_____、_____和_____四个阶段。
3. 直列柱塞式喷油泵由_____、_____、_____和_____组成。
4. 柴油机燃料供给系统的_____与_____，_____与_____，_____与_____，称为柴油机燃料供给系的"三大偶件"。
5. 孔式喷油器由_____、_____和_____三大部分组成。_____是喷油器的主要部件，它由_____和_____组成，二者合称为针阀偶件。针阀上部通过顶杆承受_____的预紧力，使针阀处于_____状态。该预紧力决定针阀的开启压力，即_____。
6. 柴油机供油系统主要装置由_____、_____、_____、_____、_____、_____和_____等组成。
7. 分隔室式燃烧室的常见形式有_____和_____两种。
8. 按结构形式，柴油机燃烧室分成两大类，即_____燃烧室和_____燃烧室。
9. 柴油机油量调节机构有两种，即_____和_____。

(二) 选择题

1. 柴油机混合气是在（　　）内完成的。
   A. 进气管　　　　B. 燃烧室　　　　C. 化油器
2. 柴油机燃烧过程中，气缸内温度达到最高时是在（　　）。
   A. 后燃期　　　　B. 速燃期　　　　C. 缓燃期
3. 喷油泵每次泵出的油量取决于柱塞有效行程的长短，而改变有效行程可（　　）。
   A. 改变喷油泵凸轮轴与柴油机曲轴的相对角位移
   B. 改变滚轮挺柱体的高度
   C. 改变柱塞斜槽与柱塞套筒油孔的相对角位移
4. 喷油器工作间隙漏泄的极少量柴油经（　　）流回柴油箱。
   A. 回油管　　　　B. 高压油管　　　　C. 低压油管
5. 在柴油机燃烧过程中，气缸内压力达到最高时是在（　　）。
   A. 后燃期　　　　B. 速燃期　　　　C. 缓燃期
6. A 型喷油泵各缸供油量不均匀时，可通过调整（　　）来改善。

A. 出油阀弹簧的预紧度　　　　　　　B. 滚轮挺柱体高度
C. 调节供油齿圈与控制套筒的相对角位移

（三）判断题

1. 汽油机形成混合气在气缸外已开始进行，而柴油机混合气形成是在气缸内进行的。
　　　　　　　　　　　　　　　　　　　　　　　　　　　　　（　　）
2. 速燃期的气缸压力达最高，而温度也最高。　　　　　　　（　　）
3. 所谓柱塞偶件是指喷油器中的针阀与针阀体。　　　　　　（　　）
4. 柱塞的行程是由驱动凸轮轮廓曲线的最大齿径决定的，在整个柱塞上移的行程中，喷油泵都供油。　　　　　　　　　　　　　　　　　　　　　　（　　）
5. 孔式喷油器的喷孔直径一般比轴针式喷油器的喷孔大。　　（　　）
6. 滚轮挺柱传动部件高度的调整，实际上是调整该缸的供油量。（　　）

（四）简答题

1. 柴油发动机燃料供给系统的油路流向是怎样的？
2. 请描述输油泵的工作原理。
3. 请简述喷油器的调整事项。

模块五 项目一

任务一 冷却系统故障的检测与维修 – 活页工单

一、技能操作

（1）冷却系统故障检测与维修作业表如表5-1所示。

表5-1 冷却系统故障的检测与维修作业表

姓名		班级		学号		组别	
车型		VIN码		车辆当前行驶里程		购车时间	
是否正常维保		车辆是否出现异常状况		异常出现时间		异常出现里程数	
变速器型号		客户陈述				日期	
步骤			具体操作			是否完成	
节温器的检修			置于水中加热，检查开启温度和最大升程				
散热器的检修			排除冷却液，拆卸散热器，清洁外部				
			清洁散热器				
			检查散热器盖				
水泵的检修			检查渗漏				
			检查带轮				
结论							
建议解决故障的方法							

（2）冷却系统故障检测与维修项目评分表如表 5-2 所示。

表 5-2 冷却系统故障的检测与维修项目评分表

基本信息	姓名		学号		班级		组别	
	角色	主修人员□ 辅修人员□ 工具管理□ 零件摆放□ 安全监督□ 质量检验□ 7S 监督□							
	规定时间		完成时间		考核日期		总评成绩	

	序号	步骤	完成情况		标准分	评分
			完成	未完成		
考核内容	1	考核准备： 材料： 工具： 设备： 安全防护： 劳动保护：			15	
	2	节温器的检修	置于水中加热，检查开启温度和最大升程		10	
	3	散热器的检修	排除冷却液，拆卸散热器，清洁外部		10	
	4		清洁散热器		10	
	5		检查散热器盖		10	
	6	水泵的检修	检查渗漏		10	
	7		检查带轮		10	
7S 管理	整理、整顿、清扫、清洁、素养、安全、节约				10	
团队协作					5	
沟通表达					5	
工单填写					5	
教师评语						

二、理论测试

（一）填空题

1. 发动机的冷却方式一般有_____和_____两种。
2. 水冷式冷却系统以_____为介质。
3. 冷却水的流向与流量主要由_____来控制。
4. 离心式水泵主要由_____、_____和_____等组成。
5. 散热器芯的结构形式有_____和_____两种。
6. 冷却液是_____、_____的混合物。冷却液用水最好是_____，否则将在发动机水套中产生_____，使传热受阻，易造成发动机_____。
7. 发动机水冷系统中的散热器由_____、_____和_____等三部分组成。

（二）选择题

1. 使冷却水在散热器和水套之间进行循环的水泵旋转部件叫作（　　）。
   A. 叶轮　　　　B. 风扇　　　　C. 壳体　　　　D. 水封
2. 节温器中使阀门开闭的部件是（　　）。
   A. 阀座　　　　B. 石蜡感应体　　C. 支架　　　　D. 弹簧
3. 如果节温器阀门打不开，发动机将会出现（　　）的现象。
   A. 温升慢　　　B. 热容量减少　　C. 不能起动　　D. 过热
4. 加注冷却水时，最好选择（　　）。
   A. 井水　　　　B. 泉水　　　　C. 雨雪水　　　D. 蒸馏水
5. 发动机冷却系统中锈蚀物和水垢积存的后果是（　　）。
   A. 发动机温升慢　　　　　　　　B. 热容量减少
   C. 发动机过热　　　　　　　　　D. 发动机怠速不稳

（三）判断题

1. 发动机在使用中，冷却水的温度越低越好。（　　）
2. 风扇工作时，风是向散热器方向吹的，这样有利于散热。（　　）
3. 任何水都可以直接作为冷却水加注。（　　）
4. 发动机工作温度过高时，应立即打开散热器盖，加入冷水。（　　）
5. 蜡式节温器失效后，发动机易出现过热现象。（　　）
6. 蜡式节温器的弹簧，具有顶开节温器阀门的作用。（　　）
7. 膨胀散热器中的冷却液面过低时，可直接补充任何牌号的冷却液。（　　）
8. 风扇离合器失效后，应立即修复后使用。（　　）

模块六　项目一

任务一　润滑系统的拆装-活页工单

一、技能操作

(1) 润滑系统拆装及零部件检查作业表如表6-1所示。

表6-1　润滑系统的拆卸及零部件检查作业表

姓名		班级		学号		组别	
车型		VIN码		车辆当前行驶里程		购车时间	
是否正常维保		车辆是否出现异常状况		异常出现时间		异常出现里程数	
变速器型号		客户陈述				日期	
拆卸项目			目视检查		数据记录		
排放发动机机油							
拆卸驱动皮带							
转动曲轴，使曲轴皮带轮上的白色导槽与下壳上的标记对齐							
拆卸正时皮带							
拆卸油底壳和滤油网							
拆卸前壳（机油泵内转子和外转子）							
拆卸减压柱塞							
复装润滑系统							
结论							
建议处理意见							

（2）润滑系统拆装项目评分表如表 6-2 所示。

表 6-2 润滑系统拆装项目评分表

<table>
<tr><td rowspan="3">基本信息</td><td>姓名</td><td colspan="2"></td><td>学号</td><td colspan="2"></td><td>班级</td><td>组别</td><td></td></tr>
<tr><td>角色</td><td colspan="7">主修人员□ 辅修人员□ 工具管理□ 零件摆放□ 安全监督□ 质量检验□ 7S 监督□</td></tr>
<tr><td>规定时间</td><td colspan="2"></td><td>完成时间</td><td colspan="2"></td><td>考核日期</td><td>总评成绩</td><td></td></tr>
<tr><td rowspan="10">考核内容</td><td rowspan="2">序号</td><td colspan="3" rowspan="2">步骤</td><td colspan="3">完成情况</td><td rowspan="2">标准分</td><td rowspan="2">评分</td></tr>
<tr><td colspan="2">完成</td><td>未完成</td></tr>
<tr><td>1</td><td colspan="3">考核准备：
材料：
工具：
设备：
安全防护：
劳动保护：</td><td colspan="2"></td><td></td><td>10</td><td></td></tr>
<tr><td>2</td><td colspan="3">泄放机油</td><td colspan="2"></td><td></td><td>5</td><td></td></tr>
<tr><td>3</td><td colspan="3">拆卸驱动皮带</td><td colspan="2"></td><td></td><td>5</td><td></td></tr>
<tr><td>4</td><td colspan="3">转动曲轴，使曲轴皮带轮上的白色导槽与下壳上的标记对齐。</td><td colspan="2"></td><td></td><td>5</td><td></td></tr>
<tr><td>5</td><td colspan="3">拆卸正时皮带</td><td colspan="2"></td><td></td><td>10</td><td></td></tr>
<tr><td>6</td><td colspan="3">拆卸油底壳和滤油网</td><td colspan="2"></td><td></td><td>10</td><td></td></tr>
<tr><td>7</td><td colspan="3">拆卸前壳（机油泵内转子和外转子）</td><td colspan="2"></td><td></td><td>10</td><td></td></tr>
<tr><td>8</td><td colspan="3">拆卸减压柱塞</td><td colspan="2"></td><td></td><td>10</td><td></td></tr>
<tr><td>9</td><td colspan="3">复装润滑系统</td><td colspan="2"></td><td></td><td>10</td><td></td></tr>
<tr><td>7S管理</td><td colspan="4">整理、整顿、清扫、清洁、素养、安全、节约</td><td colspan="3"></td><td>10</td><td></td></tr>
<tr><td colspan="5">团队协作</td><td colspan="3"></td><td>5</td><td></td></tr>
<tr><td colspan="5">沟通表达</td><td colspan="3"></td><td>5</td><td></td></tr>
<tr><td colspan="5">工单填写</td><td colspan="3"></td><td>5</td><td></td></tr>
<tr><td colspan="5">教师评语</td><td colspan="4"></td></tr>
</table>

模块六　项目二

任务一　润滑系统主要零部件检修 – 活页工单

一、技能操作

（1）润滑系统主要零部件检测作业表如表 6–3 所示。

表 6–3　润滑系统的拆卸及零部件检查作业表

姓名		班级		学号		组别	
车型		VIN 码		车辆当前行驶里程		购车时间	
是否正常维保		车辆是否出现异常状况		异常出现时间		异常出现里程数	
变速器型号		客户陈述				日期	
检测项目			目视检查		数据记录		
齿轮式机油泵的检修							
齿轮的检查							
泵轴的检查							
泵壳的检修							
泵盖的检修							
转子式机油泵的检修							
测量内转子齿顶与外转子内廓面间的径向间隙							
检查外转子与泵体之间的径向间隙							
检查泵体与转子之间的轴向间隙							
机油滤清器的检修							
检查油管和滤网是否堵塞							
检查浮子是否破损下沉							
结论							
建议处理意见							

（2）润滑系统主要零部件检查项目评分表如表6-4所示。

表6-4 润滑系统主要零部件检查项目评分表

<table>
<tr><td rowspan="3">基本信息</td><td>姓名</td><td colspan="2"></td><td>学号</td><td colspan="2"></td><td>班级</td><td>组别</td><td></td></tr>
<tr><td>角色</td><td colspan="7">主修人员□ 辅修人员□ 工具管理□ 零件摆放□ 安全监督□ 质量检验□ 7S监督□</td></tr>
<tr><td>规定时间</td><td colspan="2"></td><td>完成时间</td><td colspan="2"></td><td>考核日期</td><td>总评成绩</td><td></td></tr>
<tr><td rowspan="14">考核内容</td><td rowspan="2">序号</td><td colspan="3" rowspan="2">步骤</td><td colspan="3">完成情况</td><td rowspan="2">标准分</td><td rowspan="2">评分</td></tr>
<tr><td colspan="2">完成</td><td>未完成</td></tr>
<tr><td>1</td><td colspan="3">考核准备：
材料：
工具：
设备：
安全防护：
劳动保护：</td><td colspan="2"></td><td></td><td>10</td><td></td></tr>
<tr><td>2</td><td colspan="3">齿轮式机油泵的检修</td><td colspan="2"></td><td></td><td>5</td><td></td></tr>
<tr><td>3</td><td colspan="3">齿轮的检查</td><td colspan="2"></td><td></td><td>5</td><td></td></tr>
<tr><td>4</td><td colspan="3">泵轴的检查</td><td colspan="2"></td><td></td><td>5</td><td></td></tr>
<tr><td>5</td><td colspan="3">泵壳的检修</td><td colspan="2"></td><td></td><td>5</td><td></td></tr>
<tr><td>6</td><td colspan="3">泵盖的检修</td><td colspan="2"></td><td></td><td>5</td><td></td></tr>
<tr><td>7</td><td colspan="3">转子式机油泵的检修</td><td colspan="2"></td><td></td><td>5</td><td></td></tr>
<tr><td>8</td><td colspan="3">测量内转子齿顶与外转子内廓面间的径向间隙</td><td colspan="2"></td><td></td><td>10</td><td></td></tr>
<tr><td>9</td><td colspan="3">检查外转子与泵体之间的径向间隙</td><td colspan="2"></td><td></td><td>5</td><td></td></tr>
<tr><td>10</td><td colspan="3">检查泵体与转子之间的轴向间隙</td><td colspan="2"></td><td></td><td>5</td><td></td></tr>
<tr><td>11</td><td colspan="3">机油滤清器的检修</td><td colspan="2"></td><td></td><td>5</td><td></td></tr>
<tr><td>12</td><td colspan="3">检查油管和滤网是否堵塞</td><td colspan="2"></td><td></td><td>5</td><td></td></tr>
<tr><td>13</td><td colspan="3">检查浮子是否破损下沉</td><td colspan="2"></td><td></td><td>5</td><td></td></tr>
<tr><td colspan="2">7S管理</td><td colspan="6">整理、整顿、清扫、清洁、素养、安全、节约</td><td>10</td><td></td></tr>
<tr><td colspan="2">团队协作</td><td colspan="6"></td><td>5</td><td></td></tr>
<tr><td colspan="2">沟通表达</td><td colspan="6"></td><td>5</td><td></td></tr>
<tr><td colspan="2">工单填写</td><td colspan="6"></td><td>5</td><td></td></tr>
<tr><td colspan="2">教师评语</td><td colspan="7"></td></tr>
</table>

模块六 项目三

任务一 润滑系统的故障诊断活页工单

一、技能操作

(1) 润滑系统常见故障及诊断作业表如表6-5所示。

表6-5 润滑系统常见的故障及诊断作业表

姓名		班级		学号		组别	
车型		VIN码		车辆当前行驶里程		购车时间	
是否正常维保		车辆是否出现异常状况		异常出现时间		异常出现里程数	
变速器型号		客户陈述				日期	

诊断项目	故障原因	故障现象
机油压力过低		

续表

诊断项目	故障原因	故障现象
机油压力过高		
机油消耗过多		
机油变质		
机油渗漏		
结论		
建议处理意见		

（2）润滑系统常见故障及诊断项目评分表如表 6-6 所示。

表 6-6 润滑系统常见故障及诊断项目评分表

<table>
<tr><td rowspan="3">基本信息</td><td>姓名</td><td></td><td>学号</td><td colspan="2"></td><td>班级</td><td></td><td>组别</td><td></td></tr>
<tr><td>角色</td><td colspan="8">主修人员□ 辅修人员□ 工具管理□ 零件摆放□ 安全监督□ 质量检验□ 7S 监督□</td></tr>
<tr><td>规定时间</td><td></td><td>完成时间</td><td colspan="2"></td><td>考核日期</td><td></td><td>总评成绩</td><td></td></tr>
<tr><td rowspan="17">考核内容</td><td rowspan="2">序号</td><td colspan="3" rowspan="2">步骤</td><td colspan="2">完成情况</td><td colspan="2" rowspan="2">标准分</td><td rowspan="2">评分</td></tr>
<tr><td>完成</td><td>未完成</td></tr>
<tr><td>1</td><td colspan="3">考核准备：
材料：
工具：
设备：
安全防护：
劳动保护：</td><td></td><td></td><td colspan="2">10</td><td></td></tr>
<tr><td>2</td><td colspan="3">观察机油压力表或报警灯</td><td></td><td></td><td colspan="2">1</td><td></td></tr>
<tr><td>3</td><td colspan="3">准确测量机油压力</td><td></td><td></td><td colspan="2">4</td><td></td></tr>
<tr><td>4</td><td colspan="3">检查集滤器、机油泵、限压阀、粗滤器滤芯是否堵塞且旁通阀无法打开，各进出油管、油道及油堵是否漏油</td><td></td><td></td><td colspan="2">2</td><td></td></tr>
<tr><td>5</td><td colspan="3">拆检曲轴轴承、连杆轴承或凸轮轴轴承间隙是否过大</td><td></td><td></td><td colspan="2">3</td><td></td></tr>
<tr><td>6</td><td colspan="3">检查机油黏度是否过大</td><td></td><td></td><td colspan="2">5</td><td></td></tr>
<tr><td>7</td><td colspan="3">检查机油压力传感器</td><td></td><td></td><td colspan="2">5</td><td></td></tr>
<tr><td>8</td><td colspan="3">检查排气管是否明显冒蓝烟</td><td></td><td></td><td colspan="2">5</td><td></td></tr>
<tr><td>9</td><td colspan="3">检查机油滤清器滤芯，更换或清洗</td><td></td><td></td><td colspan="2">5</td><td></td></tr>
<tr><td>10</td><td colspan="3">清理曲轴箱通风管嘴，保证强制通风正常</td><td></td><td></td><td colspan="2">5</td><td></td></tr>
<tr><td>11</td><td colspan="3">检查活塞环的密封性，密封性不好应更换</td><td></td><td></td><td colspan="2">5</td><td></td></tr>
<tr><td>12</td><td colspan="3">检查气缸垫是否损坏</td><td></td><td></td><td colspan="2">5</td><td></td></tr>
<tr><td>13</td><td colspan="3">检查缸体、缸盖是否有变形而造成漏气、漏水和漏油</td><td></td><td></td><td colspan="2">5</td><td></td></tr>
<tr><td>14</td><td colspan="3">检查油底壳边缘是否扭曲变形</td><td></td><td></td><td colspan="2">5</td><td></td></tr>
<tr><td>15</td><td colspan="3">检查机油盘后油封凸缘</td><td></td><td></td><td colspan="2">5</td><td></td></tr>
<tr><td>16</td><td colspan="3">检查曲轴箱强制通风阀是否堵塞，若有则更换</td><td></td><td></td><td colspan="2">5</td><td></td></tr>
</table>

续表

7S管理	整理、整顿、清扫、清洁、素养、安全、节约	10	
团队协作		5	
沟通表达		5	
工单填写		5	
教师评语			

二、理论测试

（一）填空题

1. 发动机润滑系统主要有_____、_____、_____、_____和_____等作用。

2. 现代汽车发动机多采用_____和_____相结合的综合润滑方式，以满足不同零件和部位对润滑强度的要求。

3. 润滑系统一般由_____装置、_____装置、_____装置和_____装置等组成。

4. 根据与主油道的连接方式的不同，机油滤清器可以分为_____和_____两种。

（二）选择题

1. 正常工作的发动机，机油泵的限压阀应该是（　　）。
   A. 经常处于关闭状态　　　　　　　　B. 热机时开，冷机时关
   C. 经常处于溢流状态　　　　　　　　D. 热机时关，冷机时开

2. 发动机的活塞与气缸壁间多采用（　　）。
   A. 压力润滑　　　　　　　　　　　　B. 定期润滑
   C. 飞溅润滑

3. 转子式机油泵工作时（　　）。
   A. 外转子转速低于内转子转速　　　　B. 外转子转速高于内转子转速
   C. 内、外转子转速相等

4. 机油浮式集滤器滤网的中心有一圆孔，其作用是（　　）。
   A. 便于拆装　　　　　　　　　　　　B. 防止滤网堵塞时中断供油
   C. 增大供油量　　　　　　　　　　　D. 便于进油流畅

5. 粗滤器滤芯堵塞时，旁通阀打开，（　　）。
   A. 使机油不经滤芯，直接流回油底壳　B. 使机油直接进入细滤器
   C. 使机油直接流入主油道　　　　　　D. 使机油流回机油泵

（三）简答题

1. 简述润滑油油面的检查过程。

2. 机油变质的诊断方法有哪些？
3. 如何更换发动机机油？
4. 润滑系统中的限压阀与旁通阀各起什么作用？
5. 简述从车上拆下机油泵的过程。
6. 发动机润滑系统常见的故障有哪些？如何解决？

模块七 项目一

任务一 发动机整体拆装－活页工单

一、技能操作

(1) 发动机整体检查作业表如表 7-1 所示。

表 7-1 发动机整体检查作业表

姓名		班级		学号		组别	
车型		VIN 码		车辆当前行驶里程		购车时间	
是否正常维保		车辆是否出现异常状况		异常出现时间		异常出现里程数	
变速器型号		客户陈述				日期	
拆卸项目			目视检查		数据记录		
将发动机从车架上拆下							
放掉水箱内的水和机油，关闭油箱的开关，拆下油泵的油管接头							
拆下电源线，取下发电机上的线							
拆下发动机罩、翼子板，拆下发动机上各附件的总成							
拆卸变速器与飞轮壳							
拆下离合器拉杆及分离叉、传动轴，拆下发动机支撑杆及前后支撑架螺母							
发动机的解体							
拆卸惰轮							
拆下进、排气管及缸盖出水管							

续表

拆卸项目	目视检查	数据记录
拆下气门室盖		
拆下缸盖、气缸垫		
取下离合器的总成		
拆下油底壳、衬垫，同时拆下机油泵的一些附件		
拆卸活塞连杆总成		
拆下气门组		
拆下正时齿轮盖及衬垫		
检查正时齿轮上有无标记		
拆下曲轴后油封及飞轮壳		
分解活塞连杆组		
拆下活塞销		
结论		
建议处理意见		

（2）零件检查作业表如表7-2所示。

表7-2 零件检测作业表

姓名		班级		学号		组别	
车型		VIN码		车辆当前行驶里程		购车时间	
是否正常维保		车辆是否出现异常状况		异常出现时间		异常出现里程数	
变速器型号		客户陈述				日期	
检查							
序号	检测项目	检测方法				结果	
1	缸盖						
2	缸体						
3	活塞						
4	活塞环						
5	气缸套						

续表

序号	检测项目	检测方法	结果
6	曲轴		
7	凸轮轴		
8	气门		
9	连杆		

(3) 发动机整体拆装项目评分表如表7-3所示。

表7-3 发动机整体拆装项目评分表

<table>
<tr><td rowspan="3">基本信息</td><td>姓名</td><td colspan="2"></td><td>学号</td><td colspan="2"></td><td>班级</td><td>组别</td><td></td></tr>
<tr><td>角色</td><td colspan="7">主修人员□ 辅修人员□ 工具管理□ 零件摆放□ 安全监督□ 质量检验□ 7S监督□</td></tr>
<tr><td>规定时间</td><td colspan="2"></td><td>完成时间</td><td colspan="2"></td><td>考核日期</td><td>总评成绩</td><td></td></tr>
<tr><td rowspan="12">考核内容</td><td rowspan="2">序号</td><td colspan="3" rowspan="2">步骤</td><td colspan="2">完成情况</td><td rowspan="2">标准分</td><td rowspan="2">评分</td></tr>
<tr><td>完成</td><td>未完成</td></tr>
<tr><td>1</td><td colspan="3">考核准备：
材料：
工具：
设备：
安全防护：
劳动保护：</td><td></td><td></td><td>10</td><td></td></tr>
<tr><td>2</td><td colspan="3">将发动机从车架上拆下</td><td></td><td></td><td>2</td><td></td></tr>
<tr><td>3</td><td colspan="3">放掉水箱内的水和机油，关闭油箱的开关，拆下油泵的油管接头</td><td></td><td></td><td>2</td><td></td></tr>
<tr><td>4</td><td colspan="3">拆下电源线，取下发电机上的线</td><td></td><td></td><td>2</td><td></td></tr>
<tr><td>5</td><td colspan="3">拆下发动机罩、翼子板，拆下发动机上各附件总成</td><td></td><td></td><td>2</td><td></td></tr>
<tr><td>6</td><td colspan="3">拆卸变速器与飞轮壳</td><td></td><td></td><td>2</td><td></td></tr>
<tr><td>7</td><td colspan="3">拆下离合器拉杆及分离叉、传动轴，拆下发动机支撑杆及前后支撑架螺母</td><td></td><td></td><td>2</td><td></td></tr>
<tr><td>8</td><td colspan="3">发动机的解体</td><td></td><td></td><td>2</td><td></td></tr>
<tr><td>9</td><td colspan="3">拆卸惰轮</td><td></td><td></td><td>2</td><td></td></tr>
<tr><td>10</td><td colspan="3">拆下进、排气管及缸盖出水管</td><td></td><td></td><td>4</td><td></td></tr>
<tr><td>11</td><td colspan="3">拆下气门室盖</td><td></td><td></td><td>2</td><td></td></tr>
</table>

续表

	序号	步骤	完成情况		标准分	评分
			完成	未完成		
考核内容	12	拆下缸盖、气缸垫			2	
	13	取下离合器的总成			2	
	14	拆下油底壳、衬垫，同时拆下机油泵的一些附件			4	
	15	拆卸活塞连杆总成			5	
	16	拆下气门组			5	
	17	拆下正时齿轮盖及衬垫			5	
	18	检查正时齿轮上有无标记			5	
	19	拆下曲轴后油封及飞轮壳			5	
	20	分解活塞连杆组			5	
	21	拆下活塞销			5	
7S管理	整理、整顿、清扫、清洁、素养、安全、节约				10	
团队协作					5	
沟通表达					5	
工单填写					5	
教师评语						

模块七 项目二

任务一 发动机磨合与调试 – 活页工单

一、技能操作

(1) 发动机磨合与调试作业表如表7-4所示。

表7-4 发动机磨合与调试作业表

姓名		班级		学号		组别	
车型		VIN码		车辆当前行驶里程		购车时间	
是否正常维保		车辆是否出现异常状况		异常出现时间		异常出现里程数	
变速器型号		客户陈述				日期	
项目			目视检查		数据记录		
发动机冷磨合时需拆除汽油机的火花塞或柴油机的喷油器							
在冷磨合过程中,通常用20号机械油作为发动机的润滑油							
发动机冷磨合的起始转速一般为400~600 r/min,然后以200~400 r/min的级差逐级增加转速,冷磨合终了转速一般为1 000~1 200 r/min。冷磨合的总时间一般为1.5~2 h							
冷磨合时冷却水一般不要循环							

续表

项目	目视检查	数据记录
冷磨合时注意检查机油压力是否正常		
检查各机件工作情况是否正常		
冷磨合后应将发动机进行部分分解		
发动机热磨合		
采用该发动机冬季用机油		
在空载情况下,以规定转速 600～1 000 r/min 运转 1 h		
调整润滑性、燃料系统、冷却系统和点火正时等,使其符合标准和达到最佳状态		
检查机油压力是否正常		
检查发动机水温、机油温度是否正常		
检查发动机是否有异响		
发动机热磨时,各部位应无漏水、漏油、漏气和漏电等现象		
结论		
建议处理意见		

（2）发动机磨合与调试项目评分表如表7-5所示。

表7-5 发动机磨合与调试项目评分表

<table>
<tr><td rowspan="3">基本信息</td><td>姓名</td><td colspan="2"></td><td>学号</td><td colspan="2"></td><td>班级</td><td></td><td>组别</td><td></td></tr>
<tr><td>角色</td><td colspan="8">主修人员□ 辅修人员□ 工具管理□ 零件摆放□ 安全监督□ 质量检验□ 7S监督□</td></tr>
<tr><td>规定时间</td><td colspan="3"></td><td>完成时间</td><td colspan="2"></td><td>考核日期</td><td>总评成绩</td><td></td></tr>
<tr><td rowspan="17">考核内容</td><td rowspan="2">序号</td><td colspan="4" rowspan="2">步骤</td><td colspan="3">完成情况</td><td rowspan="2">标准分</td><td rowspan="2">评分</td></tr>
<tr><td colspan="2">完成</td><td>未完成</td></tr>
<tr><td>1</td><td colspan="4">考核准备：
材料：
工具：
设备：
安全防护：
劳动保护：</td><td colspan="2"></td><td></td><td>10</td><td></td></tr>
<tr><td>2</td><td colspan="4">发动机冷磨合时需拆除汽油机的火花塞或柴油机的喷油器</td><td colspan="2"></td><td></td><td>2</td><td></td></tr>
<tr><td>3</td><td colspan="4">在冷磨合过程中，通常用20号机械油作为发动机的润滑油</td><td colspan="2"></td><td></td><td>3</td><td></td></tr>
<tr><td>4</td><td colspan="4">发动机冷磨合的起始转速一般为400~600 r/min，然后以200~400 r/min的级差逐级增加转速，冷磨合终了转速一般为1 000~1 200 r/min。冷磨合的总时间一般为1.5~2 h</td><td colspan="2"></td><td></td><td>2</td><td></td></tr>
<tr><td>5</td><td colspan="4">冷磨合时冷却水一般不要循环</td><td colspan="2"></td><td></td><td>3</td><td></td></tr>
<tr><td>6</td><td colspan="4">冷磨合时注意检查机油压力是否正常</td><td colspan="2"></td><td></td><td>2</td><td></td></tr>
<tr><td>7</td><td colspan="4">检查各机件工作情况是否正常</td><td colspan="2"></td><td></td><td>3</td><td></td></tr>
<tr><td>8</td><td colspan="4">冷磨合后应将发动机进行部分分解</td><td colspan="2"></td><td></td><td>5</td><td></td></tr>
<tr><td>9</td><td colspan="4">发动机热磨合</td><td colspan="2"></td><td></td><td>5</td><td></td></tr>
<tr><td>10</td><td colspan="4">采用该发动机冬季用机油</td><td colspan="2"></td><td></td><td>5</td><td></td></tr>
<tr><td>11</td><td colspan="4">在空载情况下，以规定转速600~1 000 r/min运转1 h</td><td colspan="2"></td><td></td><td>5</td><td></td></tr>
<tr><td>12</td><td colspan="4">调整润滑性、燃料系统、冷却系统和点火正时等，使其符合标准和达到最佳状态</td><td colspan="2"></td><td></td><td>5</td><td></td></tr>
<tr><td>13</td><td colspan="4">检查机油压力是否正常</td><td colspan="2"></td><td></td><td>5</td><td></td></tr>
<tr><td>14</td><td colspan="4">检查发动机水温、机油温度是否正常</td><td colspan="2"></td><td></td><td>5</td><td></td></tr>
<tr><td>15</td><td colspan="4">检查发动机是否有异响</td><td colspan="2"></td><td></td><td>5</td><td></td></tr>
<tr><td>16</td><td colspan="4">发动机热磨时，各部位应无漏水、漏油、漏气和漏电等现象</td><td colspan="2"></td><td></td><td>5</td><td></td></tr>
</table>

续表

7S管理	整理、整顿、清扫、清洁、素养、安全、节约		10	
团队协作			5	
沟通表达			5	
工单填写			5	
教师评语				

二、理论测试

（一）填空题

1. 发动机的装配是在发动机各零部件检修好后，把_____、_____和_____，按一定的顺序和装配成完整发动机总成的工作过程。

2. 在发动机装配时，对有相对运动的零件，如_____和_____等，应在其摩擦副工作面上涂上一层干净的机油，以防冷磨后初期加剧零件的磨损。

3. 发动机冷磨初期初始转速一般为_____，然后以_____的级差逐级增加转速，冷磨合终了的转速一般为_____。

4. 有负荷磨合分为_____和_____两种。

5. 大修后的发动机经_____和_____后，进行发动机的验收。

（二）简答题

1. 发动机磨合的目的是什么？
2. 有负荷热磨合过程中有哪些注意事项？